Redes Neurais
em termos simples
como aprendemos, pensamos e modelamos

Jorge Guerra Pires,
B.Eng, Msc, PhD

4° edição
Edição melhorada, atualizada,
expandida e revisada
(2023)

"Fazemos o melhor que podemos dentro dos nossos limites, ninguém é perfeito, e são os erros que muitas vezes tornam um poema único, aprendi isso errando"

Controle de qualidade e revisões contínuas

Última revisão: 12/09/23

Contribua enviando erros, sugestão e mais para: jorgeguerrapires@yahoo.com.br

Notas do autor

No texto, usamos alguns truques.

Tipos de aspas

Usamos as aspas 'simples' e "dupla". A primeira é usada para destacar uma palavra ou sentença, usada de forma similar a colocar a palavras em itálico ou negrito, ou a sentença se for o caso; para a segunda, usamos para aliviar o sentido de algo: por exemplo, palavras que geralmente seriam vulgares/banais, ou mesmo quando usamos o significado diferentemente.

Notas de rodapé

Notas de rodapé são usadas, no final de cada página, para adicionar discussões que não são importantes para o texto, mas podem adicionar algo ao leitor. Geralmente, em uma primeira leitura, poder-se-ia negligenciar as notas de rodapé. Para audiolivro, essas notas não aparecem, nem os links que aparecem no ebook.

Aos leitores *Kindle*, as notas vão aparecer em cima do texto, evitando a perda de concentração ao ficar movendo de posição: como brinco, ao olhar para o lado, esqueço o que li. Eu, como leitor, tenho achado esse truque da *Kindle* bem útil. Mesmo quando não aparece em cima do texto, você consegue facilmente voltar ao ponto onde estava lendo. Vida longa ao Kindle! Para o livro impresso, essas notas aparecem na parte de baixo da página.

Ilustrações

Eu sou um amante de ilustrações, é tanto que as uso em todos textos que escrevo, esse não é diferente; isso pode se tornar um problema para audiolivros. Espero que as mesmas facilitem a leitura do texto: em vez de complicar! Note que na versão impressa, para reduzir custos, as imagens podem ser preto e branco.

Definições e mais

Essa versão é para *Kindle*. Ao encontrar um conceito, mesmo composto, marque e vai aparecer automaticamente definições e artigos da Wikipédia. Isso pode ser bem útil para aprender no meio da leitura. Ninguém sabe tudo! Eu mesmo uso isso o tempo todo quando estou lendo livros de outros autores.

Otimizado para ser lido em *Kindle*. :)

Fale comigo no Twitter
É simples: 1) faça sua pergunta, comentários, elogios, cortes do livro e coloque no final @JorgeGPires, talvez tenha de me seguir para achar na lista de sugestões do Twitter. Vou receber uma notificação e responder assim que possível!
Conta no Twitter: https://twitter.com/JorgeGPires
Obs. um truque alternativo, acesse minha conta usando o link dado, e faça um tweet da página da conta, isso vai automaticamente colocar o *tag*, que me avisa do seu comentário!

Conteúdo

Prefácio para quarta edição

Há um bom tempo que quero reescrever esse livro. Quando escrevi a primeira edição em 2013, pensava na *Google*™, e preocupado. Estava preocupado que a Google estava cada vez mais presente na vida das pessoas, e sem as pessoas perceberem, estava pensando não somente no buscador da Google, mas nos *smartphones*, ainda raros no Brasil; hoje, todos precisam fazer um Gmail para usar esses aplicativos; desde a minha mãe analfabeta ao doutor em engenharia da informação (eu! :)). Foi assim que a Google cresceu: coletando dados quando ninguém dava nada por essa mina de ouro, que eles talvez por acidente conseguiram ver.

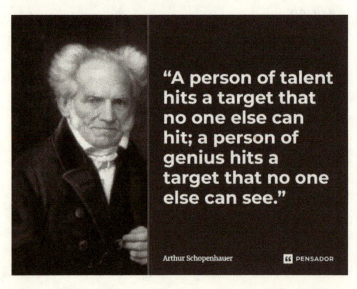

"A person of talent hits a target that no one else can hit; a person of genius hits a target that no one else can see."

Arthur Schopenhauer — PENSADOR

A Google somente começou a publicamente pedir consenso para usar os dados dos usuários recentemente, durante muito tempo fez isso "na calada da noite". Muitos dizem que a Google deveria ser penalizada por isso, anos coletando dados sem consenso, alguns usam o termo "dados roubados". Minha preocupação era um nível acima. Dados alimentam modelos inteligentes, como propagandas inteligentes: hoje se dizem que "dados são o novo petróleo"; as redes sociais que são de graça coletam dados, e vendem esses dados, por isso redes sociais são abertas e de graça. Quem nunca abriu digamos um livro na *Amazon* e segundos depois esse livro te segue por todos os lados? Tive uma experiência diria maluca nessa direção. Permita-me compartilhar! :)

Dou aulas online no *Superprof.com.br*. Enquanto digitava um e-mail, usei algumas palavras chaves relacionadas à programação, um dos meus vários perfis que mantenho na plataforma. Não sei se foi coincidência, mas em segundos começaram a aparecer professores do *Superprof* em forma de propagandas, ao lado do editor, inclusive eu, de programação: havia usado a palavra *Superprof* também, estava escrevendo para um aluno, se não me falha a memória. Não duvido de que começaram a vasculha nossos e-mails! Isso, assumindo que não foi uma coincidência, mostra de um lado a eficiência desses algoritmos, e de outro os perigos dessas ferramentas para a privacidade de todos! A China tem ficado na mira de organizações internacionais como a ONU devido a esse motivo: possíveis invasões em massa de privacidade e direitos humanos, usando inteligência artificial. Eles estão criando a primeira prisão aberta do mundo, usando IA. Como disseram alguns, IA precisa de dados, e a China tem te montão, e centralizada: todos precisam usar os programas do governo, isso cria um ambiente perfeito para IA, e perigoso socialmente. Como exemplo, a eficácia dos algoritmos usados em notícias falsas, que tem ameaço democracias em todo o mundo, somente foi possível devido ao avanço da inteligência artificial. Ver meu outro livro "Inteligência Artificial e Democracia".

A *Google*™[1] estava começando a se tornar o que é hoje no Brasil quando escrevi a primeira versão deste manuscrito, esse livro foca na percepção olhando do Brasil, a *Google* ainda não era o que é hoje: diria que a *Google* hoje influencia a vida de todos, e fortemente. Uma pane da Google colocaria o mundo ainda mais de joelhos do que a do Facebook, eu especulo.

Hoje, a Google, entre outras empresas, domina o mundo: é um domínio sutil, que poucos enxergam, mas que existe como ficou evidente com a pane do Facebook. *Quem não lembra da pane do Facebook?* O mundo ficou literalmente de joelhos quando o servidor do *Facebook*™ ficou fora do ar. A Google, diferente das outras empresas, tem me surpreendido, para o bem, devo dizer.

Muito mudou desde a primeira edição, mas a mudança que mais tive dificuldades nesta quarta edição foi eu: estou chamando de quarta, mas seria a segunda edição. As outras edições foram melhorias pontuais. Desde a primeira edição, estava no mestrado, fiz um doutoramento e dois post docs.

---

[1] fundada 1998

Escrevi um outro sobre pensamento computacional, e me tornei um escrito diria profissional, dedico-me quase exclusivamente a isso. Ou seja, reescrever sem desconfigurar o livro original foi complicado. Sem querer ser arrogante, mas sendo: gostei do trabalho que fiz. Somente procurei fazer correções da língua, e atualizações. Como exemplo, em 2013 *aprendizado profundo* não era o que é hoje, a regra, eu nem conhecia. Em 2013, estava focando em *redes neurais de espinhos*. Eu fiz uma previsão, que errei feio, de que essas redes seriam o futuro. A base da minha previsão seria a similaridade com o cérebro. Essas redes tentam replicar o cérebro, e assim replicar seu poder. Aprendizado profundo é uma pessoa chutar fora, e fazer o gol; isso assumindo que o objetivo geral fosse replicar o cérebro. Com exceção do conceito de aprendizado, e neurônios, aprendizado profundo passa longe de replicar o funcionamento interno do cérebro. Claro, isso é usado para desqualificar a ferramenta. Outro problema do aprendizado profundo: não tem nada de profundo. *Google Translator* não entende sentenças sutis; ver *bot* que construir para entender insultos[2]. Alguns chamam isso de "o paradoxo da perna quebrada": um sistema de IA consegue prever que pessoas com pernas quebradas não vão ao cinema, mas nunca sabem o porquê. Isso é uma das motivações da inteligência artificial geral (*artificial general intelligence*): a busca por não somente prever, mas explicar. Isso seria a diferença entre uma opinião de Facebook e uma doutoramento.

---

[2] InsultBot: an artificial intelligence-based system for moderating online comments.
https://medium.com/computational-thinking-how-computers-think-decide/insultbot-an-artificial-intelligence-based-system-for-moderating-online-comments-c887ef2e6c94

Espero que tenha uma excelente leitura, e fiquei muito feliz em finalmente separar o tempo para reescrever esse livro, talvez o meu primeiro, pelo menos que publicamente chamei de livro. Também fiquei muito feliz com os *feedbacks* que recebi na *Academia Edu*.

Boa leitura!

Jorge Guerra Pires
Outubro, 2022

Antônio Pereira, Brasil

Prefácio

"A última coisa que quero fazer antes de morrer é
aprender algo novo"
Maury De Souza Jr. (Amigo e guia profissional).

Uma das advertências mais circunspecto, e mesmo de certa forma deprimente (desanimador), para aqueles que na juventude adquirem paixão pela ciência (curiosidade, busca por conhecimento) reside na forma como o mundo/nossa sociedade funciona, reside na complexidade como a ciência é feita por muitos, na forma "estranha" (atípica) como muitos a disseminam, desde sistemas de ensino de base a sistemas de ensino superior; ou mesmo, a forma privativa, mas esses são "outros quinhentos". Damos super-valorização à memorização e aprendizado a curto prazo, algo que vai "na contramão" dos achados em neurociência. Alguns pesquisadores por exemplo defendem o uso do pensamento analógico como forma de superar o sistema atual, altamente focado em ideias de gregos como Aristóteles e outros como o francês Descartes. Alguns pesquisadores defendem mesmo o uso da música como meios para ensinar educar, algo que já foi usado no passado.

Na verdade, é realmente triste e desanimador o quão lentamente achados em ciências em geral ganham aplicações em áreas estratégicas como a de ensino, principalmente, ensino de base como escolas de ensino fundamental. Muitos assuntos de interesse global, não somente para cientistas (ou seja, pessoas que gastam 25 horas por dia somente estudando o assunto, "filhos de Deus e donos da verdade"), são tratados de forma 'monstrual'; sendo algo totalmente reservado a cientistas do campo; isso ocorre mesmo no mundo científico por si; por exemplo engenheiros contra biólogos (em alguns casos o 'contra' é realmente levado a sério!), biólogos contra matemáticos e assim por diante. *Por que isso*? Não me atreveria a dar uma resposta direta e informal por motivos de falta de conhecimento geral; acredito que mesmo uma vida inteira não me propiciará o tal conhecimento e visão. No entanto, posto que sou um desses que desde a juventude teve paixão por assuntos científicos, tentarei usar esse tempo de vivência (ou mesmo experiência) para desenhar alguma conclusão; simples, mas sinceras; usando o máximo de razão, para não interferir com a arguição.

O meu primeiro e mais importante ponto nasce da falta de interesses de muitos cientistas[3] em fazer as coisas simples; por motivos de vaidade, por exemplo[4].

Dito isso, eu digo com a minha forma de me expressar esse primeiro ponto: 1) falta de interesse de cientistas especializados em simplificar seus trabalhos. Visto que muitos cientistas fazem carreiras com dinheiro público, vindo de formas indiretas de todos os níveis, ou de forma direta, esses deveriam manter todo o conhecimento de forma acessível para novos profissionais; neste caso, eu defendo os 'jovens cientistas', algo não referido à idade, que se tornam reféns de um sistema em alguns casos corrupto, cego e covarde.

---

[3] Usaremos cientistas e pesquisadores de forma indiscriminadas.
[4] Natália Pasternak faz uma reflexão interessante do preço da omissão dos cientistas, que é algo filho dessa arrogância intelectual: "A ciência brasileira e Síndrome de Cassandra" | Natália Pasternak | TEDxUSP.
https://www.youtube.com/watch?v=F3kUeDlP3Io&t=571s

O segundo ponto, algo mais para a redenção dos cientistas, sendo eu um no momento, ao menos considero depois de jogar toda uma vida pela frente para me dedicar totalmente à arte de pensar e documentar. Muitos assuntos são difíceis de traduzir em termos simples devido à dependência de novas formas de pensar; a abstração é uma arte, algo temporal e espacial. Muitas áreas são totalmente dependentes de outras para existir.

Sendo assim, também: *as pessoas devem procurar aprender mais*, ou seja, perder algumas horas de novela das oito (ou mesmo *netflix* para os de classe média) para entender conceitos simples como 'função', 'matriz', 'incógnitas', 'equações', 'gráficos'...todos esses são assuntos simples e vitais para qualquer entendimento. Mesmo sendo esses chatos, como 99% dos brasileiros diriam isso sem remorso (sentimento de aflição e tristeza), esses são frutos do desenvolvimento do intelecto humano, algo que levou milhões de anos para serem lapidados até o que vemos hoje, muitas vezes ignorados. Alguns cientistas morreram[5] sem ao

---

[5] Eu costumo comparar a ciência com futebol. No passado, jogadores como Pelé, jogavam pelo amor por algo, hoje o fazem somente por carreira. Nada contra ao processo de

menos obterem algum retorno devido aos seus trabalhos, mas seus trabalhos vivem, crescem e estão na nossa tão aclamada e amada tecnologia (quase sempre ignoradas pelos seus usuários). Sendo assim, um segundo indivíduo a ser colocado na cruz somos nós, leigos que não perdem um pouco de tempo para a busca do autoconhecimento, do *enlightenment*.

Um terceiro ponto encontra-se na natureza. Marvin Minsky, um cientista que dedicou grande parte do seu trabalho a entender o cérebro humano, 'mente', uma vez documentou que: se o cérebro fosse simples, seríamos simples demais para entendê-lo[6].

---

formar carreiras, mas acho que devemos sempre pensar em algo maior do que o nosso entendimento, como os valores na nossa conta bancaria disponível para saques. Na ciência não tem sido diferente. Hoje virou um jogo de recursos, ninguém parece se preocupar com assuntos importantes para a sociedade por não ser lucrativo. Mas isso é assunto para um outro livro.

[6] Note o paradoxo interessante. A complexidade não pode entender a complexidade por ser complexa, mas a simplicidade não pode entender a complexidade por ser simples, então a complexidade não pode busca seu próprio entendimento ou não existe. No caso do cérebro, essa mesma complexidade entendeu coisas muito mais complexas. Alguns cientistas ficam sem palavras no fato que o cérebro humano não é maior do que uma pedra que podemos carregar com as mãos. Mesmo o cérebro de um morcego, do tamanha de uma ameixa, faz coisas que nem mesmo os nossos melhores

15

Isso se reflete no fato de que a mente é uma manifestação específica da natureza, algo local, mas que reflete no todo: a natureza. Posto assim, parece um paradoxo, nunca poderemos entender a natureza por sermos parte desta. Isso é similar a dizer que se Deus é todo poderoso, então ele pode criar uma pedra que ele não pode carregar, se existe a possibilidade de existir essa pedra, então ele não é todo poderoso. Esses paradoxos estão em todos lugares e são discutidos em áreas como lógica confusa (*fuzzy*), ou mesmo campos da filosofia. É interessante levantar que um destes paradoxos levou Einstein acreditar que a velocidade da luz deve ser constante para qualquer referencial: pense que você viaja à velocidade da luz, você segura um espelho. Sendo nossa imagem apenas reflexo do nosso corpo, sendo assim a luz nunca alcançaria o espelho; você será invisível! Mas isso não faz sentido baseado na nossa experiência do dia a dia. Muitos outros paradoxos também surgiram ao propor constância da velocidade da luz[7]. Por conseguinte, a natureza é o terceiro culpado na lista.

---

radares conseguem fazer.

[7] Note que paradoxos têm mostrado ser o meio mais efetivo de mover a ciência.

Muitos trabalhos na ciência são chamados de 'carro-chefe'; esses são pesquisas que 'roubam' dinheiros para universidades e institutos aclamados. Esses usam essas pesquisas para ocuparem o tempo de milhões de desocupados com neurônios prontos para trabalhar. Sendo deste modo, essas pesquisas são como novelas e filmes em séries, nunca se sabe o que vem depois, mas algo deve aparecer por que esse deve pagar os milhões de euros e dólares gastos. Mas isso é também devido às limitações das ciências do que algo mais. Consequentemente, a ciência com os seus métodos 'quadrados', 'cilíndricos' e 'circulares' forma a quarta base para nossa limitação como 'ciência do povo', os pilares da *ignorância coletiva*.

O assunto deste livro preenche todos esses pontos. O assunto é complexo, difícil de ser explicado de forma eficiente, precisa, de forma simples e 'vulgar'. Essa é uma área 'quente': investimentos são gastos em alto nível devido à natureza multi- e inter- disciplinar do assunto. O verdadeiro motivo jaz no fato de que a inteligência parece ser um dos únicos e mais importantes campos que temos patinado[8] desde a Grécia, 'O milagre grego', 'a idade da razão', os resultados são similares aos carros voadores dos *Jetsons* ou do 'o quinto elemento'; algo que sonhamos, pesquisamos, mas as leis dos homens e natureza transformam isso em um sonho efêmero, uma pepita de ouro de tolo. Ao assistirmos filmes de ficção e depois lermos um livro de física ou biologia, por exemplo, logo pensamos, 'este cara deste livro é ignorante'; na verdade somos todos, no quais a imaginação está sempre à frente. Einstein parece ter dito: imaginação é mais importante que conhecimento[9].

Esse livro se dedica a explicar o conceito de redes neurais de forma mais simples possível. O único pré-requisito é força de vontade e desejo de aprender. O autor tem experiência com

---

[8] Para termos uma ideia, áreas da medicina que cuidam da mente, como psiquiatria, sofrem ataques constantes devido ao fato de que os resultados são dúbios. Quando cura-se alguém de leucemia, podemos medir os glóbulos brancos como forma de eficiência, mas quando cura-se alguém de depressão por exemplo, qual a forma mais eficiente de medir a eficiência do tratamento? Muitas pessoas com tendência a suicídio tentam novamente, mesmo depois de tratamentos longos algo que muitas vezes não podemos medir.

[9] A primeira vez que vi essa frase foi um quadro pendurado na sala do meu orientador de doutorado. Não entendi de primeira, e fiquei confuso. Agora entendo a importância da imaginação, comparado com conhecimento puro.

problemas com as formalidades da ciência moderna, mas algo que não o limitou; normalmente as pessoas desistem ao verem esses obstáculos e procuram o que se paga mais; ou seja, o que todos fazem, isso não é ciência, mas sim negócio. Um dia disseram, "somente aquele que já errou e aprendeu ensina melhor". Afinal, somos apenas erros da natureza que gerou inteligência, erros inteligentes, erros tão paradoxos e úteis como a velocidade da luz.

Jorge Guerra Pires
Maio, 2013
Antônio Pereira, Brasil

Introdução

"Ciência é quando resolvemos
problemas para ganhar tempo,
política é quando ganhamos tempo para resolver
problemas"

Este livro nasceu de um conjunto de conversas do autor com uma pessoa amiga[10]; um ponto positivo do livro na minha opinião, que foi a

---

[10] Infelizmente, tomamos rumos diferentes na vida. Mas ela sempre estará no meu coração, como uma jovem e talentosa pesquisadora! A fênix da mulher na ciência vive.

motivação deste livro, está no fato de que essa pessoa não possui ensino/curso superior[11]. Isso é um ponto positivo tendo em mente que essa mostra interesse por modelos de inteligência artificial, mesmo sendo um tópico geralmente abordado em nível superior, que exige um certo grau de curiosidade, dado que em geral sistemas inteligentes são feitos somente para serem usados (sem a necessidade de entender os princípios escondidos nos sistemas que se usa)[12]. De forma mais detalhada, alguns se interessariam por motivos da mídia; filmes de robôs andando e amando, robôs japoneses que falam e mexem a face, que se comportam como humanos[13]. Apesar de tudo, ainda temos muito a caminhar rumo a esses modelos tão

[11] No momento da segunda revisão deste manuscrito (2015), a mesma estava em um curso superior, mas na área de farmácia, bem diferente do assunto tratado neste material. Nessa edição, ela havia concluído o curso, mas seguiu caminhos fora do assunto do livro. Tentamos colaborar, mas acabou que não deu certo.

[12] Isso é mais do que esperado!! Quando alguém compra um Smartphone, poucas pessoas estão interessadas em saber como funciona o mesmo em termo de algoritmos, mas somente que tornem suas vidas mais cômodas, como ter acesso ao Facebook em qualquer canto do mundo, ou mesmo pagar um boleto bancário com comodidade.

[13] Quem nunca viu "o homem bicentenário", baseado no livro do cientista Isaac Asimov, conhecido por trazer assuntos científicos de forma clara a fácil ao público leigo; como tento fazer neste livro!!!

evoluídos[14]. Durante o processo de abstração[15], no qual inteligência artificial em geral deita (baseia-se), temos muito que foi limitado pelo mundo como é, em contradição às asas da nossa imaginação. Muitos pensam que modelos inteligentes são feitos para serem melhores do que humanos; na corrente prática, do ponto de vista de "ciências séria", isso não se confirma.

O que tem ocorrido recentemente é uma mudança do conceito de inteligência restrita (*narrow*) para inteligência artificial geral (*artificial*

---

[14] Como exemplo, em evento que participei em Portugal, sobre inteligência artificial, um pesquisador foi convidado a criar um modelo para compor música, como era o aniversário de Beethoven, o mesmo teria de criar um algoritmo para compor músicas no estilo de Beethoven. Acha que conseguiu...um minuto para pensar...não!! mas, conseguiu para músicas como bossa nova e Beatles. O problema é a complexidade. Mesmo as que conseguiu, foi de forma incipiente. Existem vários mistérios em torno da música, por exemplo, por que somos espécies "musicalizadas" (desde crianças temos um senso, mesmo limitado, de ritmos e similares).

[15] Abstração é o processo pelo qual se transforma algo em outra forma mais fácil de ser tratado, por exemplo, matemática. Um exemplo está na física. Você já viu um vetor aparecer em uma caixa quando a empurramos? ou mesmo um vento cheio de vetores mostrando a direção que esse sobra? No entanto os livros de física estão cheios dessas abstrações. Uma forma mais simples de abstração seria nossos planos para o futuro, cada pessoa o pensa de uma forma diversa, mas devemos colocar em muitos casos no papel, com diagramas e agendas, esse processo é o processo de abstração aplicado a planificação do futuro de alguém.

general intelligence[16]). Contudo, no momento atual, mais de 90% dos modelos, inclusive para o futuro, isso inclui aprendizado profundo (*deep learning*), são modelos de inteligência artificial restrita. A grande diferença é que modelos de inteligência restrita não focam em modelos similares à inteligência humana, com exceção da questão de aprendizado. Geralmente, são limitadas pelo *Paradoxo de Moravec*. Existem defensores dos dois lados: de que devemos focar em inteligência similar à humana, ou somente fazer algo que aprenda. A analogia que alguns gostam de usar: para aprender a voar, foi necessário esquecer como os pássaros voam, isso para defender modelos fora da neurociência.

Os modelos atuais são bastante simples comparados até mesmo com o cérebro de um morcego; esses não enxergam bem, mas podem capturar informações importantes usando seu

---

[16] Sempre que ver um termo ou palavra que não entende, se estiver no *Kindle*, marque a palavras ou palavras e automaticamente você será servido de artigos. Estou contando com isso, para evitar ficar definindo termos e tornar a leitura pesada. Somente quando considerar importante definir claramente, vou fazer.

sistema de "radar"[17]; ondas sonoras. No entanto, esses são enganados devido às limitações das informações conferidas por ondas sonoras; é uma prática comum entre crianças "chamar" morcegos rodando "pedaços finos de madeira" (varas) de forma a criar ruídos bem graves; esses são atraídos, provavelmente pensando que é seu eco. Nós também somos igualmente enganados; miragens de água se formam em asfalto quente ou deserto; quente e frio podem se distorcer; de noite podemos ver "coisas" formarem de sombra de objetos. No espaço, fomos enganados com relação à posição de estrelas e planetas por tempos devido a miragens do tecido atualmente chamado de "tempo-espaço"; resultado do trabalho de Albert Einstein, hoje chamado de "Anéis de Einstein".

---

[17] De forma mais correta, o termo correto é sonar. A música do LS Jack diz: "morcego sem radar". O certo é sonar.

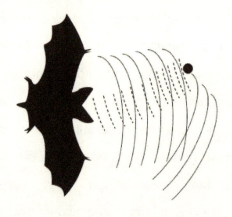

Figura 1- Sistema sonar de um morcego.

(O ponto preto representa um inseto em movimento. As linhas contínuas são as ondas sonoras emitidas pelo mesmo, uma forma de assobio, possível de ser ouvido pelo ouvido humano, ao passo que as linhas tracejadas são as ondas de retorno, eco, como exemplo grite em um quarto vazio e fechado e você ouvirá sua voz retornar. Um morcego é capaz de seguir o inseto, mas pode ser facilmente confundido por uma vara sendo rodada de forma rápida, gerando um ruído agudo).

Fonte: imagem base do https://commons.wikimedia.org/wiki/Bat#/media/File:Bat_sha dow_black.svg

Em discussões com essa amiga, fui indagado se sabia de algum livro relacionado à inteligência artificial simples, de forma que essa pudesse entender melhor as arguições que frequentemente apesentava; infelizmente não! Todos que conheço, até os mesmos que se dizem simples pedem conhecimento de pelo menos a filosofia de ser "engenheiro" ou similar, como "cientista da computação". Então, em casa, depois de refletir, comecei a escrever. Em três dias de trabalho a primeira versão foi feita. Na primeira versão pouco se discutia sobre matemática, mas somente sobre inteligência artificial. Nas versões seguintes melhorei tanto a arguição do texto quanto explicações, algo que levou em torno de 3 anos[18].

Curiosidades. O Linux, sistema operacional livre semelhante ao Windows, foi criado em três semanas, criado por Linus Torvalds[19], como muitos colocam nas redes para atrair clicks e criar um ar de superioridade do criador, mas o processo continuou e continua. O Linux, como todos os pacotes abertos, é resultado de colaboração que levam anos, além de muitas mãos.

---

[18] Claro que foi um trabalho descontínuo, ou seja, não foi três anos de dedicação exclusiva, mas sim de dedicação esporádica.
[19] The mind behind Linux | Linus Torvalds. https://www.youtube.com/watch?v=o8NPllzkFhE&t=1s

É de minha crença a talvez "infantil" filosofia de que o conhecimento é somente organização, não limitador, como muito os colocam. A forma como se ensina nas escolas é somente uma opção, não o necessário ou mais certo, como muitos professores defendem com a vida. O que fica marcado nesses sistemas de ensino é uma falta de mudança na forma de ensinar. Uma semana antes de escrever esse livro estava em um curso de redes neurais; comentei com uma amiga sobre a minha visão de futuro, crianças sentadas em calçadas brincando de birosca e falando sobre a incerteza dos elétrons aplicado à possibilidade de esses acertarem o alvo. Essa riu e perguntou em que mundo vivo e afirmou que se as crianças continuarem assistindo TV essas nunca chegaram a esse nível[20]. Talvez, seja verdade, realmente devo confessar de ter sido um garoto não exemplar como estudante, mas que se indagava de tempos em tempos sobre a existência do elétron mesmo sem ter tido ensino em mecânica quântica. Também devemos aceitar o preconceito negativo do

[20] Curiosamente, um livro recente parece confirmar essa previsão da minha amiga. Ver "a fábrica de cretinos digitais" Michel Desmurget

brasileiro com relação a intelectuais[21]; taxamos-vos e os isolamos. Para falar de ciências e amar o que faz, não precisamos sentar de frente a um experimento de laboratório, somente querer entender o que fazemos.

Muito indaguei sobre as dimensões deste livro, como conteúdo e assunto. Pensei em incluir modelos matemáticos e muito mais. Então, usando as lições da faculdade, lembrei, tenha um objetivo!

Qual o objetivo?

Passar para pessoas de base o belo mundo da modelagem matemática aplicado à modelagem da inteligência. Como fazer isso? *Discutir os modelos presentes em livros de forma simples e direta.*

Qual o público alvo?

Alunos que ainda não possuem curso superior e planejam fazê-lo por motivos variados,

---

[21] Nota 2022: teria sido isso o embrião do bolsonarismo? Por que do ódio dos bolsonaristas a Paulo Freire? Alergia a intelectuais.
https://www.cienciaparanaocientistas.jovempesquisador.com/post/por-que-do-%C3%B3dio-dos-bolsonaristas-a-paulo-freire-alergia-a-intelectuais

pessoal ou profissional. Tendo em mente o coração desse livro, *escrever um livro para que minha amada e curiosa amiga possa saber sobre meu trabalho e estado da arte em inteligência artificial.*

Devo ser honesto: a nova edição, a que ler, pode ter afastado um pouco do ensino médio[22]. Mas acho que esse afastamento pode ser benéfico: desafiar o cérebro mesmo no ensino médio pode se algo interessante. Lembre-se: meu primeiro texto de pensamento computacional foi no ensino fundamental, ou algo assim. Foi um texto passado pela tia, se me lembro bem. Isso cativou minha curiosidade pelo resto da vida.

Um dos meus livros, mais recente, que fiz para a iniciação científica, pensando na faculdade, final do curso, recebo esse e-mail:

> Olá Dr. Jorge.
> Saudações.
>
> Venho agradecer a oportunidade que nos deu, de conhecer suas obras. Estou lendo seus materiais como um manual de referência para trabalhar com iniciação científica na escola de fundamental II

[22] No momento desta revisão, recebi uma revisão negativa na Amazon. Minha teoria: a pessoa pode ter comprado querendo aprender redes neurais estilo Simon Haykin, não é esse o objetivo, esse livro já é sensacional o suficiente, entre outros!

Desde já o agradeço.

Prof. Osvaldo Sousa

O livro não foi escrito para o ensino fundamental! Mas fez o que esse livro deveria fazer! Ou seja, não temos como prever de forma clara onde nossa obra vai adentrar; nem mesmo a receptividade. Mas ficamos felizes se for útil para alguém.

Um livro, como aprender violão, é um processo lento. Quando comecei a aprender violão, queria surpreender uma garota, ela se foi e ainda estou estudante o violão! De forma similar, minha amiga agora está quase terminando o curso superior e ainda não terminei o livro!!

Tudo na natureza precisa de ter um fim, razões para existir. Por que eu como autor? Existem várias pessoas que escreveriam este livro de mãos nas costas e olhos vendados e tocando gaita, mas poucos com o conhecimento da realidade de se querer estudar e ser barrado por motivos econômicos e sociais[23]; até mesmo interesse tendo

[23] Um amigo meu pensa que devemos dedicar a trabalhos como esse, com fins mais ideológicos do que econômico,

em mente que escrever livros não é mais reconhecido academicamente como era antes. Atualmente, temos uma onda de projetos para educação de brasileiros, mas duvido que esses irão fazer o que devem fazer; os políticos são os mesmos[24].

Organização do trabalho

O texto inicia com "a arte da modelagem matemática" (próximo capítulo). Muitos poderiam considerar isso uma afronta ao se usar o termo 'a arte.... '. Dois fatores motivaram o uso do especificador: a) a ciência evolui através de afrontas ao comum; b) matemática pode ser uma manifestação rigorosa e extremamente quantitativa, mas a modelagem matemática é sim uma arte[25]! Por

quando estivermos velhos e bem-sucedidos. Mas eu discordo, como sempre, completamente. O motivo é simples, somente na juventude temos os ideais, a força, a coragem, que essas caminhadas sempre requerem. Note que todos os grandes cientistas fizeram muito como jovens, mas como pessoas mais velhas, poucos fizeram. Como ouvi uma vez: "a experiência mais tira do que dá".

[24] Até agora, nada de concreto!! Neste meio tempo, o país entrou em crise, o dólar disparou, o desemprego solto. O programa de cotas está de parabéns, isso devemos celebrar.

[25] Biomatemática e Xadrez: modelagem é reconhecimento de padrões! https://medium.com/theoretical-and-mathematical-biology/biomatem%C3%A1tica-e-xadrez-modelagem-%C3%A9-reconhecimento-de-padr%C3%B5es-aba1aca5b867

mais que alguém saiba de matemática, somente a arte de ver e aplicar tornará o trabalho importante[26]. Um grande exemplo que gosto de usar situa-se no ego e existência do cientista físico e matemático Albert Einstein[27]; como muitos afirmaram, esse não pensava de forma comum, mas sim como um artista pitando um quadro, suas ideias eram feitas da arte de ver e modelar, prever, pura bela e frágil intuição. Intuição é a alma da modelagem e inteligência artificial tem uma história nessa direção. Essa foi uma das razões da escolha do autor; sempre tropeçando nas formalidades da ciência moderna ensinada em salas de aula; "copiar e fazer exames, nota, nota, nota".

Em seguida algumas linhas são gastas em anatomia e fisiologia para fortalezer os modelos, o que foi dito e o que será dito. Veja que inteligência realmente usa essas ideias; de forma simplificada, mas usa. Apesar de muitos matemáticos esquecerem quando brincam com os modelos, os modeladores

[26] Um exemplo prático seria tocar violão, você pode saber a letra, a melodia, a harmonia, ritmo, mas somente alguém com talento consegue juntar esses fatores de forma prazerosa para os ouvidos!

[27] Hermann Minkowski, cientista que morreu cedo, grande fã e amigo de Einstein, dizia que Einstein era um cachorro com grande faro, mas nem uma aptidão para matemática.

do passado e presente levam a sério essas ideias da biologia e medicina; áreas biomédicas em geral.

Professor Nikola Kasabov[28], um conhecido meu, diz em seu livro sobre inteligência artificial, focada em modelos de neurociência: não podemos esquecer os grandes pensadores ao olharmos para o futuro da inteligência artificial. Os modelos do professor Kasabov seguem uma linha na comunidade científica de que os modelos precisam focar no funcionamento de cérebro, seriam modelos mais próximos da biologia. Isso não ocorre com todos os modelos, como aprendizado profundo, ou mesmo, Máquina de Vetores de Suporte (*support vector machines*).

Voltando ao primeiro capítulo, esse gasta algum tempo com um exemplo cotidiano. A ideia é aproximar o público alvo, de forma a mostrar que com exemplo do dia a dia, podemos construir as bases de uma área rica e excitante[29]. Infelizmente,

---

[28] Brain-inspired computation based on spiking neural networks. https://www.youtube.com/watch?v=niAannUB3pc&t=1780s

[29] Em um artigo, fui indagado pelo revisor, pessoa responsável por analisar trabalhos enviados para publicação em eventos científicos do que é "uma área excitante". Realmente a palavra é "perigosa", mas não acho outra melhor.

esse pensamento não é valorizado por teóricos do ensino, esse tipo de ensino é tido "vulgar". Em grande parte, podemos associar isso às origens da ciência, vista como uma arte, um dom; apresentações eram vendidas como se vende bilhetes de cinemas. Muito mudou, como a calvície já foi visto como sinal de sabedoria e "mulheres cheias" padrão de beleza. No meio de tantas mudanças, não podemos perder a beleza do saber, evoluir com consciência; um dia "Deus" terá orgulho de suas criaturas!

O último capítulo entende completar o livro com algumas discussões sobre "aspectos interessante sobre o cérebro humano"; este foi produzindo muito antes deste livro, mantido nos arquivos do autor, mas finalmente enquadrado em algo.

Outras partes poderão ser adicionadas nesta nova edição[30], deixo ao leitor o trabalho de ler e achar nessa nova adições!

---

[30] 2022.

A arte da modelagem matemática: *introdução ao trabalho*

A forma mais natural de começar o trabalho é procurando discutir na 'modelagem'; afinal, inteligência artificial por traz de robôs que movem a face devido a estímulos[31] é em base

[31] Notas de rodapé serão usadas como forma de ajudar o leitor. Estas podem ser negligenciadas em uma primeira leitura do texto como forma de não perder concentração da leitura. Cada nota contém comentários do autor, como definições. Estímulo é o nome dado a qualquer forma de "mexer" com um sistema. Por exemplo, a superfície da água em um balde pode ser considerado um sistema, deixar uma pedra cair é um estímulo. As ondas ocorrem como

fórmulas matemáticas; sistemas internos de fórmulas (*processadores*), *sensores* ('sistema sensorial') e *atuadores*.

Figura 2- Visão esquemática de um sistema que pode responder ao meio ambiente, como exemplo, um sistema baseado em inteligência artificial. Outro exemplo poderia ser o pâncreas no corpo humano, que responde de forma precisa ao aumento e abaixo no nível de glicose no sangue, mantendo o processo fisiológico conhecido como homeostase.

Essa arte de transformar conceitos complexos, como modelos matemáticos em problemas práticos, é uma das áreas mais lucrativas e difíceis do mundo moderno; a precisão dos modelos e validade muda de tempos em tempos; e

consequência e se chamam, como um todo, resposta do sistema. Sistema é qualquer parte do universo que estudamos como forma de aprender o funcionamento de algo mais complexo. Podemos estudar ondas em oceanos em laboratórios usando "piscinas" feitas com esse intuito. A piscina é o sistema, qualquer experimento começa com estímulos, como pás simulando *tsunamis* (ondas destrutivas de águas). Em muitos casos, usamos dois grupos de experimentos: um tem o estímulo externo, o outro não. Ver Introdução à pesquisa científica.

muitos problemas permanecem abertos (sem solução), como exemplo é a luta no mundo virtual para proteger dados sensíveis em sites de compra ou mesmo de bancos[32]. Outro exemplo, contudo, mais contextualizado ao livro são os modelos de redes neurais: começaram com simples fórmulas que se poderia escrever um guardanapo, para modelos que exigem 91.02 MB (este livro com quase 100 páginas + figuras em Word têm 6 MB).

Figura 3- *Inception v3* é um modelo usado para classificar imagens, são mais de 1.000 categorias de imagens.

---

[32] Um exemplo seria o uso comum de Captcha, que são "problemas" gerados para saber se alguém é um computador, hoje comum em quase todos os sites de login. Já ouvi a piada: "computador não sabe contar", alguns captcha são contas simples como 2 + 2; mas eles não sabem "vê" como nós! Em muitos casos as pessoas colocam ruídos em torno dos números, isso confunde sistemas de processamento de imagens atualmente em ação. Veja como um problema simples para humanos pode barrar hackers, mesmo com algoritmos avançados!

Apesar de tudo, devemos estar cientes de que modelagem[33] não necessariamente significa matemática; o que leva a essa confusão está no fato de que as outras ramificações da modelagem somente vieram à tona com novas tecnologias como computadores; o ato de "ver" e "decidir" de forma cotidiana é um tipo de modelagem[34] ou mesmo a criação de modelos físicos para serem usados no dia a dia é um tipo de modelagem. Segundo historiadores da ciência, a matemática foi a primeira forma de modelagem; o monocórdio de Aristóteles[35]. Mas esses assuntos serão deixados para futuras discussões.

[33]Modelagem vem de modelos. Modelagem é o processo de transformar um conjunto de conhecimentos em uma forma de resolver problemas do mundo real, geralmente usamos fórmulas matemáticas, mas modelos computacionais podem ser usados como forma alternativa ou mesmo outros meios. O autor não espera que alunos de ensino médio entendam de forma precisa a definição de modelagem. Em uma conversar com outros, este notou que alguns usam a palavra "problema" na definição de modelagem. Modelagem é feita para resolver problemas, sendo assim esta deve está livre de "problemas". A questão da definição de problemas e não problemas também podem ocupar linhas, mas neste caso a definição simples usada no dia a dia produz o efeito.

[34] O simples ato de formar uma opinião sobre o mundo, o que molda como decidimos diante de estímulos. Por exemplo, se um amigo te chama para tomar todas em um fim de semana, alguns vão ver isso como um fim de semana de felicidades/divertimento, outros como tristeza, tudo isso nasce de um complexo processo dentro do cérebro, um processo de modelagem/aprendizado, sobre o que é felicidade e o que as causaram, ou mesmo o oposto.

[35] Aristóteles estava preocupado com a relação entre tons musicais e "pontos de corte" em cordas. Esse descobriu que o comprimento de cordas possui relações matemáticas com as notas musicais emitidas por essa. Para quem toca instrumento de corda, como violão, o ato de usar o dedo para fazer um acorde ou mesmo usar um "corte do braço do violão" faz o efeito que esse estudou antes de Cristo (em torno de 350 AC).

Começamos na tentativa de estabelecer as regras do jogo, na qual procuramos deixar claro o sentido dos termos importantes no trabalho. É aconselhável que o leitor reflita sobre as definições; se possível, produza na mente limitações das definições, se houver alguma; devemos manter em mente que a ciência é mutável, especialmente campos relacionados a computadores. Esse processo de pensar em definições, modelos e outros antes de aceitar é uma das melhores práticas no meio científico. Use como exemplo a definição de força usada antes de Michael Faraday[36], algo que o obrigou a redefini-la. Mesmo Einstein com a definição de tempo, espaço, e matéria, algo fortemente estabelecido por Newton e outros antes desse.

Definição 1: Modelagem matemática é a prática geralmente científica de transformar observações em relações simbólicas.

Sendo assim, modelagem matemática representa apenas um braço da prática de modelar; a

---

[36] Faraday foi um físico que viveu em Londres. Este é famoso pelos estudos que geraram inventos como o motor elétrico e mesmo a nova área da física como o eletromagnetismo. Faraday teve profunda influencias em posteriores pensadores como Maxwell e Einstein. Faraday veio de família pobre, mas tinha uma paixão enorme pela ciência, influenciado pelas crenças de sua religião.

modelagem matemática é a mais aceita e "rigorosa". Grande crédito a esse autoritarismo matemático se deve aos trabalhos de Sir *Isaac Newton*[37] e posteriores, que expandiram suas ideias em harmonia e até mesmo dependência disfarçada de outros teóricos, como *René Descartes*[38] ou *Robert Hook*[39]; Newton se recusou a documentar suas influências.

---

[37] Isaac Newton, odiado por estudantes de ensino médio e engenharia, nas famosas leis de Newton, e mecânica, viveu entres os séculos dezessete e dezoito. Newton reformulou ideias iniciadas pelos seus predecessores como Galileo, em um conjunto de conhecimento conhecido hoje como mecânica clássica, em oposto à mecânica quântica.

[38] René Descartes foi um matemático e filósofo francês que contribui para ideias centrais hoje em dia. Talvez a mais presente seja o plano cartesiano, sim! Aquele que vocês precisam colocar pontos, x e y.

[39] Robert Huck, Huck com a mesma pronuncia de Luciano Huck, foi um físico dos tempos de Newton. Segundo alguns, foi ele quem influencia Newton, mas o mesmo nunca reconheceu publicamente.

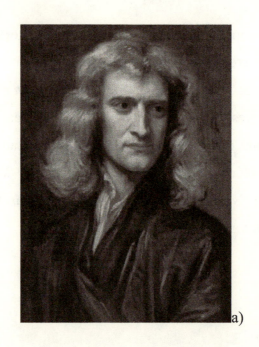

a)

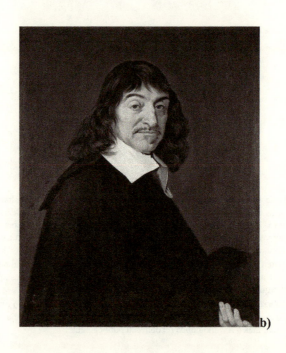

b)

22

Figura 4- Dois dos maiores pensadores de todos os tempos. a) Isaac Newton; b) René Descartes. Fonte: *Wikimedia Commons*, **2017.**

Talvez o exemplo mais simples de modelagem matemática por ser uma prática quase universal são os famosos exames/provas. Quando você frequenta uma sala de aula, o professor, em teoria, tenta estimulá-lo a aprender. A prova (exame) é uma forma de testar este modelo matemático, chamado de *validação*. Em alguns casos, professores decidem recomeçar do zero, ou seja, reprovar[40].

Algo interessante de mencionar em especial ao público leigo: diferente do aprendizado humano, onde parece haver formas limitadas de aprender, o *aprendizado de máquina* (*machine learning*) é bem rico, quando pensamos em algoritmos de aprendizado. Existe um número relativamente

---

[40] Devo estressar que nem todos os países usam esse modelo. Onde estudei, na Itália, o aluno pode falhar nas provas, e tentar pelo tempo que quiser: o aluno escolhe quando vai fazer a prova. Esse modelo de reprovar o aluno, e fazer começar do zero, parece-me errado, custoso e arcaico, devo dizer: além de fazer mal para a autoestima do aluno. Fui reprovado uma vez, na famosa 5° série dos Mamonas, e é realmente bem ruim emocionalmente. Eu tentei fingir que tinha passado, e entrei na sala da 6° série, esperando que ninguém ia notar. Parece-me um modelo de burocratas, preguiçoso, e sem embasamento científico.

grande de formas de ensinar, e algoritmos que guiam o aprendizado. Outra diferença é que não sabemos como aprendemos. Como professor particular, sempre usei a analogia de arrumar seu quarto: você precisa arrumar você mesmo. Infelizmente, em linha com o senso comum, "não podemos abrir a cabeça das pessoas e colocar a informação" quando possuem dificuldades[41].

Um dos campos de estudos em como aprendemos, similar ao que ocorre no filme Matrix, onde se consegue enfiar informação no cérebro das pessoas, se chama "redes neurais de espinhos" (*spiking neural networks*).

Em termos leigos, não sabemos como ensinar além do que sabemos na sala de aula. Infelizmente, sabemos que nem todos aprendem da mesma forma, e muitos ficam para traz; com exceção de pessoas que podem pagar professores particulares, como eu, que conseguem em alguns casos achar a raiz da dificuldade de aprendizado.

Em um modelo de aprendizado, usado em algoritmos, eu gosto de pensar assim: a parte usada

[41] Quem nunca ouviu isso da professora frustrada? Ou professor!

para treinar o algoritmo seria o tempo de sala de aula, o tempo usado para testar seriam as provas. Ou seja, replicamos esse modelo de sala de aulas para ensinar algoritmos. Inclusive, tentamos evitar decoreba, evitamos o que se chama "excesso de treinamento" (*overfitting*). Novamente, sendo repetitivo: a diferença está na riqueza de formas de aprender, aprende-se desde métodos simples como o caso que abriu a sessão a casos mais complicado como *aprendizado profundo* (*deep learning*).

Muitos sistemas de ensino procuram padronizar sistemas de ensino como o famoso ENEM (Exame Nacional do Ensino Médio) ou mesmo o TOEFL (*Test of English as Foreign Language*); por traz desse deve estar pessoas com experiência suficiente para gerar um modelo matemático para selecionar alunos[42].

---

[42] O autor não entende nenhuma apologia ao ENEM ou mesmo criticar; este é somente um exemplo que parece fácil de visualizar. Como qualquer modelo matemático, esses sistemas apresentam falhas, como o vestibular mesmo com as falhas reinou no Brasil por décadas. Segundos alguns estudiosos, todo modelo matemático está errado devido a ser uma aproximação da realidade. Atualizando (13/10/2022): agora critico, ver meu livro "Punidos por Métricas".

Recentemente, mesmo perdendo a copa, o Brasil venceu matematicamente[43], segundo modelo matemático da FIFA, que tenta balancear tudo, até mesmo o grau de dificuldade da partida!

De forma mais forte e contextualizada, a definição sugerida pode ser adaptada:

Definição 2: (*Contextualizada*): *modelagem matemática é a prática* geralmente científica *de transformar observações em relações simbólicas que podem ser estudadas manualmente ou computacionalmente.*

De forma geral, o objetivo é replicar, como no caso da inteligência, ou mesmo prever, como no caso digamos de sondagens eleitorais; ou mesmo ranquear, no caso do Brasil na Copa do mundo 2022. Outros objetivos podem ser digamos tomar decisões, como no caso da pesquisa operacional, ferramenta gerencial.

Duas palavras foram usadas para acrescentar o termo 'contextualizada': 'manualmente' e 'computacionalmente'; esses termos são

[43] Brasil segue em 1º no ranking da Fifa: Entenda como funciona a pontuação da entidade.
https://cultura.uol.com.br/esporte/noticias/2022/12/23/4664_brasil-segue-em-1-no-ranking-da-fifa-entenda-como-funciona-a-pontuacao-da-entidade.html?fbclid=IwAR2FJbDkZnwTb463Hy7sLCTdj5cqgkTmAdrInjX8_NVZ3rQ94gY3hOGRjxA

importantes devido a fatores históricos, especialmente, fatores que ocorreram tão rápido que hoje esses parecem dispensáveis em uma definição. Isso é similar à palavra 'programação'; essa foi desenvolvida antes da invenção de sistemas virtuais; hoje, essa é sinônimo de ciência da computação. 'Manualmente' significa resolvido totalmente por 'pessoas'; sem qualquer uso de sistemas de computação em massa, como calculadoras e computadores. Muitos modelos que hoje são exemplares nos bons livros foram resolvidos e criados assim; usando o bom e velho 'computador humano'[44].

---

[44] Segundo alguns pesquisadores, no passado estudantes como doutorandos eram aceitos principalmente para fazer cálculos, ou seja, calculadoras humanas! Hoje são aceitos para fazer os mesmos trabalhos tediosos, mas níveis acima, como pesquisa para publicar artigos científicos.

Fonte: Twitter (*não detenho os direitos*)

Apesar de tudo, os tempos mudaram e esses modelos estão sendo estendidos, até mesmo, substituídos, por modelos mais adaptados à realidade científica[45]. Um termo que poderia ganhar uso no meio acadêmico é 'matemático-computacional' para designar modelos matemáticos. Isso se deve ao fato de que a transformação da matemática para linguagem de computadores nem sempre é trivial;

---

[45] Hoje temos modelos mesmo fora das ideias antigas. Note como exemplo trabalhos feitos por muitos cientistas da computação, em alguns casos completamente conectados a nossa realidade.

aproximadamente 99% dos modelos são adaptados até 90% antes de serem usados em computadores; os modelos são aumentados em mais de 1000% para serem usados; a lei de Newton custa uma linha; em um programa de computador simples[46] para dinâmica molecular, esse toma mais de 1000 linhas de códigos computacionais. O ponto forte atualmente é que pacotes podem ser usadas publicamente, sem custos, para facilitar essa matemática.

Sugestão de filme/livro.

"O Jogo da Imitação" o filme, baseado no livro, mostra como o primeiro computador foi criado, por Alan Turing. Isso mostra como começamos do zero, usando computadores de válvula.

---

[46] Chamados de *algoritmos*.

Computador Colossus. Colossus foi um conjunto de computadores desenvolvidos por decifradores britânicos nos anos de 1943 a 1945[1] para ajudar na <u>criptoanálise</u> da cifra de Lorenz. A Colossus usava válvulas termiônicas (tubos a vácuo) para realizar operações booleanas e de contagem. Colossus é, portanto, considerado[2] o primeiro computador digital programável, eletrônico, embora tenha sido programado por interruptores e plugues e não por um programa armazenado.[3] Fonte: <u>Wiki Commons</u>, acessado em 12/10/2022.

Posto assim, podemos sugerir a nova definição, mais adaptada ainda para inteligência artificial:

Definição 3: (*Contextualizada para inteligência artificial*): ***Inteligência Artificial*** *é a modelagem matemática aplicada para estudar sistemas manualmente ou computacionalmente.*

O que deve ser ressaltado é que modelos para inteligência artificial raramente são práticos ou aplicáveis se forem usados manualmente; isso será levantado novamente em linhas posteriores, o porquê usar modelos baseados em inteligência, a razão de deixar modelos que podem ser resumidos em pedaços de papel para modelos que exigem o uso de computadores de alta-desempenho[47].

Existem, basicamente, dois motivos: 1) algoritmos complexos, grandes, muitos não caberiam nem mesmo neste livro que lê; 2) necessidade de muitos dados (*big data*), muitos mesmo, algo que nenhum humano conseguiria processar.

O sentido da inteligência artificial é a automação[48] inteligente; decisão tomada como se humanos estivessem presentes. De forma resumida, modelos matemáticos usados para modelar

---

[47] Uma curiosidade: um dos computadores mais usados em IA são conhecidos como *Graphics Processsing Units* (GPUs), criados para jogos! Isso mesmo, os jogos que os jovens adoram, ajudando a computação de auto-desempenho.

[48] Automação é fortemente aplicado em engenharias para "chamar" ação que "despensa" humanos. Por exemplo, a famosa "bóia de água" usada para fechar a "torneira" em caixas de água em casa é um sistema de automação (mecânica); mesmo o chuveiro que liga somente ao abrirmos o registro. Tudo isso é possível devido á um conceito na física chamado de "Pressão", algo descoberto na Grécia antiga.

inteligência são formalmente organizados em inteligência artificial (hoje alguns estão usando o nome inteligência computacional para designar modelagens mais focadas à engenharia e matemática). Eu usei no meu livro mais recente o termo *pensamento computacional*, para ressaltar que inteligência artificial não é a única forma de criar pensamento computacional, mesmo alguma inteligência mínima nos computadores.

Um assunto que tem ganhado atenção é como a automação vai eliminar trabalhos. Quando a primeira edição deste livro foi publicada, fazia mais sentido dizer que iria acontecer, agora está acontecendo! Quando esse livro foi publicado, atendentes e atendimentos personalizados (humanos do outro lado da linha) faziam sentindo. Hoje se resolve tudo por automação no *WhatsApp*™, em alguns casos melhor[49]. Hoje, muitos estão pensando na probabilidade do seu trabalho ser substituído. Algumas empresas de *tech* já propuseram "mesadas" para o futuro: não haverá trabalhos, as

---

[49] No passado, levei semanas para achar meu IBAN do banco, para transferências internacionais. Agora, consegui em segundos usando uma atendente do BB, usando *WhatsApp*.

máquinas vão basicamente substituir a mão-de-obra humana.

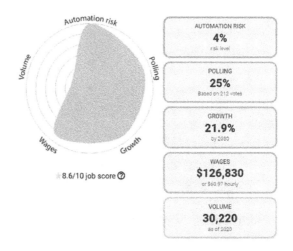

Computer and Information Research Scientists

Automation risk

Volume

Polling

Wages

Growth

8.6/10 job score ⑦

AUTOMATION RISK
4%
risk level

POLLING
25%
Based on 212 votes

GROWTH
21.9%
by 2030

WAGES
$126,830
or $60.97 hourly

VOLUME
30,220
as of 2020

Chances da sua profissão ser substituída no futuro por automação, nesse caso cientistas da computação. Fonte.

Costume Attendants

AUTOMATION RISK	
42%	
risk level	

POLLING
54%
Based on 20 votes

GROWTH
44.3%
by 2030

WAGES
$42,910
or $20.63 hourly

VOLUME
5,750
as of 2020

★ 5.0/10 job score ⑦

Chances da sua profissão ser substituída no futuro por automação, nesse caso atendente de consumidores[50]. Fonte.

Algo muito erroneamente disseminado é o pensamento de que inteligência está preso à noção de 'humanos'. Qualquer 'forma' que se adapta em prol de um objetivo final pode ser chamado 'inteligente'; um exemplo explorado na literatura é chamado de *Algoritmos Genéticos*, esses são inspirados na capacidade do nosso código genético (como um todo, como uma população, organismo

---

[50] Acho que não preciso falar nada. Hoje, raramente, empresas usam atendentes. Quando usam, somente depois que robôs falharam em ajudar. Existem pessoas falando de robô padre.

vivo[51]) de se adaptar às demandas do meio ambiente em virtude da sobrevivência das espécies. De forma mais precisa, inteligência essencialmente compõe mais de 80% do que chamamos 'natureza', essa não existira se menos do que isso houvesse. Inteligência gera a chamada adaptação. Adaptação é a mudança de estados internos de sistemas visando algum objetivo final, como evitar um erro futuro ou mesmo a morte do sistema. Inteligência e memória estão conectadas, mas uma não define a outra de forma isolada. Inteligência usa memória de forma eficiente, memória aumenta o poder de atuação de modelos inteligentes, dando a esses a noção de 'passado', 'presente' e 'futuro'[52].

Por que sistemas inteligentes

Uma das perguntas mais importantes é da necessidade de modelos inteligentes. É uma

---

[51] Ver *The seflish gene*, por R. Dawkins. Nesse livro, Dawkins passa a ideia de que os genes estão vivos, e cada um busca a própria sobrevivência sobre os demais.

[52] Não existe nada que impeça de se achar outras formas de inteligência no universo, como em outros planetas, algumas pesquisas sugerem algo assim. Mesmo a natureza foi "aliena" para o homem por muito tempo, não é incomum ver um grupo de cientistas admirando como formigas movem e se organizam. Como li uma vez, "ainda sou criança, somente mudei o brinquedo".

prática rotineira nas ciências aplicadas a pergunta do 'porquê' fazer algo; mas poucos respondem com o ar de resposta, muitos com ar de investimento; o investimento é além da necessidade real na maioria dos casos, deixando discussões de impacto para segundo plano; muitas somente ocorrem quando o modelo começa a gerar impacto, em certos casos "tarde demais". Sigamos o conselho de Simon Sinek, comesse com o "por que"[53].

Sendo assim, muitos modelos permaneceram por tempos com usos dúbios, mas fortemente reforçado por políticos.

Quando a primeira edição deste livro foi publicado, haviam poucas discussões sérias, hoje temos muitas. Uma leitura recomendada seria "Weapons of Math Destruction" de Cathy O'Neil, não sei se houve tradução para o português, mas o título é provocativo, e flerta com a ideia de "arma de destruição em massa", que pode ser o caminho da inteligência artificial, se não for propriamente e sabiamente dada a atenção tanto da população

[53] Comece pelo porquê: Como grandes líderes inspiram pessoas e equipes a agir Capa comum – Edição padrão, 11 outubro 2018. Edição Português por Simon Sinek (Autor), Paulo Geiger (Tradutor)

quanto das autoridades. Empresas como Facebook™ já usam isso para ganhos alarmantes, sem muita atenção com a população, com o lado social. Veja o caso recente das Fake News e moderação de conteúdo online. Achei também interessante o livro "The Big Nine: How the Tech Titans and Their Thinking Machines Could Warp Humanity" de Amy Web, que fala dessas empresas que usam inteligência artificial para ganhos alarmantes, sem muito peso social. Essa era a preocupação da primeira edição desta obra, mas pensava em informar as pessoas, criar uma consciência. O que temia acabou piorando: somos macacos apertando botões inteligentes, sem ter nenhuma ideia do que estamos fazendo. O livro "A fábrica de cretinos digitais"[54] chama a atenção para isso, também outro livro seria "The Shallows" de Nicholas G. Car, chama a atenção para o uso de internet, sem o crescimento intelectual.

Consequentemente, é natural a questão da necessidade de modelos baseados em inteligência. Todos nós sabemos que computadores fazem

---

[54] A fábrica de cretinos digitais: Os perigos das telas para nossas crianças Capa comum – Edição padrão, 20 setembro 2021. Edição Português por Michel Desmurget (Autor), Mauro Pinheiro (Tradutor)

cálculos em velocidade milhões de vezes mais rápido do que o melhor contabilista. Deste modo cabe a pergunta: *não são inteligentes os computadores?* Se não são, *o que os tornam superiores a nós em cálculos? Existem mais pontos de superioridade?* Paremos um momento para refletir[55].

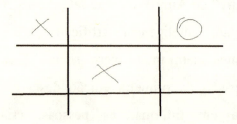

Figura 5- algoritmo, fácil de implementar usando inteligência artificial, sugere próxima jogada no jogo da velha: quadrante de baixo, à direita; isso é uma defesa! Fonte: Medium.

Suponha que você tenha combinado com um amigo, por motivos de um show ao vivo (um *reality show*) ou algo similar, que ele seria você por um dia. Você, depois de horas e horas refletindo, prepara uma lista de como ser você por

---

[55] A primeira vez que ponderei essa questão foi no ensino fundamental, quando li um texto, que não lembro o autor, mas discutia a diferença entre o pensamento associativo do cérebro e determinístico dos computadores.

um dia. No início do dia você toma um banho, enxuga, calça os tênis e vai para o trabalho. Sendo assim, somente seguindo a lista, esse camarada poderá ser você por um dia no que tange tarefas, ordem de como fazer, "receita de bolo". Suponha agora que no quinto dia, tudo perfeito, um dos integrantes do show decide testar a sua cópia. Esse retira o chuveiro: como a sua cópia não toma banho, ele não pode continuar o dia, desde então, tudo fica estagnado no banho e o seu dia nunca mais começa. Depois de arrumar o chuveiro, novamente "o sistema roda". Agora, essa mesma pessoa rouba a lista da sua cópia distraída, tira uma segunda via perfeita e altera o seguinte: 'enxugar e tomar banho' em vez de 'tomar banho e enxugar'. Todo o dia esse vai para o trabalho molhado, até que um dia esse pega fogo: era um androide fazendo o seu trabalho! Uma pessoa poderia sugerir para o primeiro caso: vai sem banho ao trabalho ou toma banho na casa do vizinho, tendo em mente que você não esteja sujo para o primeiro caso e de estar bem com o vizinho no segundo caso para essa intimidade.

Contato com o mundo real

Um exemplo simples, que não tem aprendizado, mas tem alguma inteligência seria o seguinte.

Peça uma pessoa para classificar um conjunto de bandas. Cada banda pertence a um gênero; nosso desafio é continuar recomendando bandas para a pessoa no futuro. Esse é um *sistema de recomendações*, clássico nos tempos atuais.

Quando entra em várias plataformas de *podcast*, eles te pedem para fazer isso: colocam um conjunto de bandas e você precisa dizer se gosta. Esse processo de recomendação pode ser revolvido com um algoritmo bem simples. Não vamos entre em detalhes matemáticos, mas ao se multiplicar a matriz de preferência com a matriz de gênero (a qual gênero a banda pertence), isso nos dá um ranqueamento de preferência; não somente a mais preferida, mas um ranqueamento de todos os gêneros, podemos colocar em ordem do gênero que mais gosta do que menos gosta, isso pode ser usado para sugerir bandas no YouTube.

Note que não temos aprendizado, somente um conjunto de "perguntas bobas", e um "algoritmo bobo", mas que gera uma aparente inteligência. Para leigos, que não é mais o seu caso, isso é mágica!

Você antes deste livro! Imagem criada usando inteligência artificial. Tente aqui: https://beta.dreamstudio.ai/dream. Comando dado: "*a caveman trying to use a computer*". Sonhe com algo, e deixe o computador fazer o resto!

Mais, você coloca em prioridade: caso esteja limpo, não incomodar o vizinho, vai sem banho; caso esteja sujo, vá ao vizinho e peça...caso o vizinho recuse...caso o vizinho esteja dormindo...essa é uma forma simples de inteligência.

Duas variáveis importantes são usadas para tomar a decisão: 1) cheirar mal no trabalho; b) incomodar o vizinho. As duas devem ser o mais próximo possível de zero. Esse é um problema de *minimização*; procure valores que façam uma função das duas variáveis darem como saída o menor valor possível. Todo algoritmo de inteligência artificial é um *problema de otimização*, de minimização.

Como exemplo mais real, disse Andrew Marantz, sobre como melhorar os algoritmos das redes sociais: "precisam otimizar para outra coisa além de engajamento (emoção)". Atualmente, temos vários problemas onde conteúdos falsos, que geram mais engajamentos, são colocados pelos algoritmos sempre na frente, deixando conteúdos mais importantes e verdadeiros em segundo plano: isso aumenta o poder das *Fake News*, entre outros problemas como conteúdos racistas e mais. O que engaja, mesmo que seja *Fake News*, gera mais aparições, gerando uma bola de neve, que espalha discurso de ódio e similar.

Essa função pode ser somente uma soma ponderada; os pesos indicam o quão algo é importante para você. Por exemplo, talvez para você seja mais fácil ir sujo para o trabalho, dependendo do estado de sujeira, do que bater na porta do vizinho 6 da manhã pedindo para usar o chuveiro, correndo o risco de tirar esse de um bom sono ou terminar a noitada. Ou talvez o vizinho seja camarada, tomam cerveja todo fim de semana, para ele é somente mais um dia de conversa; enquanto toma banho, esse escova os dentes e conta a noitada de ontem.

Somente por curiosidade: um modelo teria dificuldades de chegar nesse nível.

Fui perguntando ao virar Superprof no Superprof.com:

O que faz de você um Superprof (e que nenhuma IA poderá substituir) ?[56]

Resposta:

Talvez o fato de que uso "projeção" com os alunos: ensino como se estivesse me ensinando; durante a prova do TOEFL iBT, criei um programa Java para me treinar, ou seja, sempre desenvolvi minhas ferramentas que quando posso, uso com os

---

[56] Isso não significa que IA não possa ajudar no processo de aprendizado. Como exemplo, agora se pode usar o Google para treinar pronúncia em inglês, achei muito legal isso! A IA não somente diz se estamos pronunciando bem, mas também dá sugestões de melhoramento na pronúncia.

alunos para melhorar o aprendizado. Ou seja, as técnicas que testei e funcionaram em mim, gosto de usar com os alunos. Também, gosto de críticas, sempre envio formulários anônimos para os alunos; o legal é que com o tempo fiquei anestesiado, já nem ligo quando falam que falo rápido; claro que procuro melhorar! Acho que uma IA teria dificuldades em sentir a dificuldade humana, tendo em mente que a forma como IA são desenvolvidas não replica a inteligência humana de forma precisa. Existem componentes humanos, como criatividade, empatia, "espelhamento", que muito provavelmente a IA nunca vai conseguir replicar.

Resumindo: "não fique no caminho da IA", como disse um palestrante sobre trabalhos do futuro. Foque no que computadores não conseguem fazer, ou fazem mal. Tudo que é repetitivo, computadores vão fazer algum dia. Se você consegue descrever seu trabalho em passos claros, como do caso iniciando a sessão, onde se consegue colocar em uma lista, isso vai ser colocado em um algoritmo algum dia; o caso mais recente: narradores de livros, talvez esse seja narrado usando IA, que fica muito bom. Talvez seja você a colocar e ficar rico! Os homens e mulheres mais ricos hoje o fizeram criando apps: algoritmos para resolver problemas da sociedade. Uber, Airbnb, Instagram, Facebook... são todos apps!

Dois pontos devem ser notados com relação ao parágrafo anterior. Primeiro, veja que o seu substituto executa a função em ordem; caso alguma das tarefas for apagada ou trocada de sequência, esse se atrapalha. Esse é um sistema sem tolerância a erros, nesse sistema, qualquer erro futuro, como por exemplo, o papel ficar velho e partir em duas partes irá travar o sistema como um todo. O problema é a falta de 'ver' que algo está indo errado, como por exemplo, ir molhado ao trabalho ou enxugar sem estar molhado. Um sistema inteligente, como uma pessoa, irá notar que ir molhado não é bom; antes que esse adoeça, ou seja demitido, entende o problema que é a toalha na ordem errada[57]. Mesmo de forma simples, esse poderia resolver por passos; primeiro arruma uma segunda toalha; depois elimina a primeira toalha; ou *vise* e *versa*. O seu substituto trabalha na forma

---

[57] Um exemplo simples é o editor de texto que estou usando para criar este texto. Se eu cometer um erro ortográfico, ou mesmo mais complexo como gramatical, o software cria uma marca inteligente, sugestiva do erro em andamento.

antiga chamada programação *procedural* (sequencial)[58]. Mais ainda, esse somente faz o que foi pedido para fazer e na ordem estipulada. Sendo assim, mesmo executando muito mais rápido, esse trava em qualquer 'grão' na estrada. É como um carro do ano, o caro é rápido, mas não chega a muitos lugares físicos que um trator muito mais barato alcançaria: força *vs.* velocidade. Agora novamente a pergunta:

o computador é realmente mais inteligente? O autor deixa a resposta no ar; até o fim desse livro acredita-se que esse será capaz de concluir propriamente ou escrever um segundo livro rebaixando esse apresentado.

No caso do jogo da velha apresentado anteriormente, diferente do que fiz quando comecei a programar, onde tive de dizer para o computador as jogadas em resposta a cada jogada do adversário: o algoritmo aprendeu a jogar o jogo da velha com exemplos, como aprendemos quando somos crianças. Isso é inteligência em algoritmos,

---

[58] Programação de computadores é a ação de escrever textos que os computadores possam entender, e executar ações como calcular uma função várias vezes e fazer o gráfico da mesma.

diferente do seu androide que precisa receber uma lista dizendo o que deve fazer.

Um exemplo simples

O exemplo das ponderações entre 'incomodar o vizinho' ou 'ir cheirando mal para o trabalho' é algo chamado *inteligência computacional*[59]; uma subárea da inteligência artificial preocupada com a tomada de decisão de forma otimizada[60].

Em temos matemáticos, isso poderia ser escrito como:

$$f(x_1, x_2) = \alpha x_1 + \beta x_2 \qquad \text{eq. (1)}$$

Onde: x_1 é uma *variável binária*[61], essa assume valores '0' ou '1'; neste caso incomodar o vizinho vale "1" e "0" caso contrário. x_2 é a variável que nos diz sobre cheirar mal, de forma semelhante, "1" cheirar mal e "0" caso contrário[62].

---

[59] De forma mais precisa, uma forma bem simples.

[60] Sendo mais preciso, existem discussões nesta direção, em alguns casos inteligência computacional é vista como inteligência artificial, em outros como um campo similar.

[61] Em matemática, variável é algo que pode assumir qualquer valor, ou pelo menos um conjunto de valores maiores do que 1 em termos de opções. O valor do dólar com relação ao real é uma variável.

[62] No caso anterior, do jogo da velha, havíamos 3 valores para a variável de cada quadrante. 1 – jogador AI; 0 – ninguém jogou nesse quadrante ainda; -1

α é um fator/constante que nos diz o quão é importante não incomodar o vizinho; quanto maior for esse, maior será o valor da função para cada aumento dessa variável, ou seja, não incomodar o vizinho é prioritário; β é o mesmo tipo de fator, mas para 'ir sujo para o trabalho'[63].

Veja que podemos adicionar:

$$x_1 + x_2 = 1 \qquad \text{eq. (2)}$$

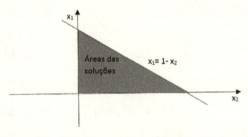

Figura 6- Representação gráfica no plano cartesiano da equação 2. A área sob a reta $x_1 = 1 - x_2$ são as soluções possíveis como consequência da restrição colocada.

– jogador humano. O legal dessa forma de ver o problema é que não existe um padrão universal. Modeladores diferentes podem modelar de forma diferente, chegando ao mesmo resultado. Por isso, chamei a modelagem de "uma arte". Algumas formas de modelagem podem ser mais inteligentes, outras mais "primitivas". Isso pode separar um matemático genial de um na média!

[63] Este tipo de problema é comum em pesquisa operacional, uma área muito comum em engenharia de produção.

Isso diz que devemos decidir: ou banho ou ir cheirando mal; para a soma ser "1", somente uma variável deve e pode assumir o valor "1"[64]. Algumas variantes poderiam ocorrer, como por exemplo:

$$x_1 + x_2 <= 1 \qquad \text{eq. (3)}$$

Você pode decidir ou pode "ficar sem decidir"[65]. Nesse caso, temos espaço para não decidir nada[66].

$$x_1 + x_2 <= 2 \qquad \text{eq. (3)}$$

Você pode somar as decisões, incomodar o vizinho e tomar banho. Veja que apesar de ter pedido valores binários, é possível mesclar valores, usar valores reais em vez de binários. Em termos reais, isso significaria decisões parciais; algo do tipo 'tomar meio banho' e 'incomodar o vizinho um pouquinho'.

---

[64] Chamamos essa equação de restrições, como o nome diz, essa equação restringe as possíveis soluções plausíveis.

[65] Ficar sem decidir é na verdade decidir, tendo em mente 0 corresponde a uma decisão.

[66] No entanto fique atento que não decidir nada é na verdade decidir algo, ou seja, 0 corresponde a uma decisão.

Como exemplo mais papável de variáveis não binárias, considere o caso de investir em ações[67]. Esse caso é interessante por ser inteiro: 1, 2, 3, 4... não existe digamos 1,4 ações! Podemos desenhar um sistema de algoritmos para decidir quanto comprar de cada ação para ter uma carteira equilibrada: todas as ações teriam o mesmo peso. Isso seria o que alguns chama de *carteira equilibrada*. No caso das ações, temos um princípio geral dos investidores colocado em algoritmos. Inteligência humana transformada em equações e depois codificada em algoritmos. Uma boa inteligência computacional, como no caso do jogo da velha, precisa fazer isso automaticamente.

Uma das maiores revoluções do aprendizado profundo foi automatizar uma camada além do que já se automatizava: mesmo com modelos inteligentes para classificar imagens, ainda assim precisávamos preparar os dados para o modelo, chamado de *pré-processamento*.

Como regra geral: modelos inteligentes são achadores de regras, modelos tradicionais precisam

[67] Usando o Excel para balancear carteira de ações. https://www.youtube.com/watch?v=5QJUaSNcGZ8&t=548s Acessado em 12/10/2022.

que os humanos achem as regras e coloquem em forma de códigos de computadores. A questão é que nem sempre conseguimos achar as regras para um problema. No caso dos cachorros abaixo, para *segmentação de imagens* de forma eficiente, não existem regras. No caso do jogo da velha, existem regras, mas podemos de forma alternativa usar inteligência artificial: o resultado é o mesmo, com a vantagem de que não precisamos ficar codificando as regras, que dá trabalho, eu já fiz na faculdade quando aprendia programação.

Achando um cachorro na imagem usando inteligência artificial. Fonte: Twitter.

O interessante de observar é que mesmo esses sendo modelos simples de inteligência, esses já mostram a noção de decisão baseado em uma função; formalmente, essa se chama *função objetivo*, equações como (2) é chamada de *restrições*; como o nome diz facilmente, essas equações restringem.

No caso das ações, nossa função objetivo é penalizada toda vez que uma ação fica acima do número de proporção do ativo na carteira: a regra de ouro é todos os ativos precisam de peso igual. Isso evita que caso um ativo afundar, e nunca sabemos quando, o prejuízo não vai ser grande, e pode ser compensado pela subida dos outros ativos.

Novamente, inteligência humana e malícia colocada em forma de algoritmos. Somente por curiosidade, o assunto de modelos inteligentes em mercado de ações é bem rico[68].

No caso do governo federal, como exemplo real de humanos usando o mesmo princípio. O governo tem uma meta anual de inflação. Quando a inflação começou a acelerar em 2022, o banco central aumentou a taxa Selic, uma variável de decisão. Não, a inflação não é uma variável de decisão porque não temos controle direto, apesar de alguns acharem isso. Para influenciar a inflação, que podemos medir de várias formas como usando o IPCA, precisamos ajustar parâmetros da

---

[68] Carteira inteligente: tudo sobre robôs de investimento, com Dony De Nuccio e Samy Dana.
https://www.youtube.com/watch?v=Q5C3jKme9rE&t=1038s. Acessado em 12/10/2022.

economia, como quantidade de dinheiro circulando e taxas de juros. Esse controle é feito de forma indireta, não direta. A inflação é o maior vilão da economia de qualquer país.

Veja que você modela a inteligência, dando certos limites como para um robô que caminha sozinho entre paredes. Um tipo de inteligência como a humana deve ser auto-programável[69].

Caso você quisesse escrever no andróide que tomou o seu lugar (na sua placa-mãe), posto que esse seja da 'moda antiga', mas incluindo alguns potenciais problemas seria:

---

[69] Um grande debate é sobre as limitações da inteligência humana. Mesmo tendo problemas para ver a quarta dimensão, vemos muito mais em modelos matemáticos. Alguns modelos envolvem mais de 100 dimensões, que em um espaço não há nenhum sentido.

```
Início

        Inteiro: tomarBanho, Enxugar; Vestir;

        Levantar();

        Se (chuveiro_não_ocupado)

                tomarBanho();

        Senão (esperar()) → volte_ao_chuveiro

        Se (molhado)
                Enxugar()
        Senão
                vestirRoupa();

        se(vestido e não_molhado)
                ir_ao_trabalho()
fim
```

Figura 7- Iniciar o dia (*algoritmo,
pseudocódigo*).

*(As palavras no estilo 'aassdd()' são chamados
métodos. Não importa essas, desde que faça o que queremos.
Quando pede alguém para consertar o chuveiro, se esse usa
uma chave cor de rosa florida com música, isso não importa,
desde que conserte o chuveiro. Métodos são truques para
diminuir o tamanho de códigos e também evitar refazer o que*

já foi feito; "reinventar a roda", termo usado no ambiente da

engenharia de software)

Curiosidades. Algumas pessoas definem inteligência artificial como um conjunto de "se e senão" (foi o que acabamos de fazer). Essa visão é limitada, alguns grupos de modelos inteligentes seguem esse padrão, como *árvore de decisão*, mas não são todos. Redes neurais, como exemplo, não usam esse formato.

Apesar de parecer que esse código é inteligente, esse não é; talvez um pouquinho :). Para cada potencial problema, você precisa prever e escrever. Isso seria a diferença entre o algoritmo do jogo da velha que primeiro fiz quando comecei a programar e esse que apresentei aqui; no primeiro, tive de definir tudo. Para sistemas em ambientes complexos, isso pode ser impossível de ser feito; tanto devido a motivos relacionados ao número de possibilidades ou serem infinitas: jogo da velha vs. xadrez.

Alguns ambientes podem até ser inacessível a humanos, como Marte; ou mesmo futuros sistemas para viajar em ônibus espaciais. Adaptação é a resposta para o desconhecido[70]. Em termos matemáticos esses são chamados modelos *não paramétricos*.

De forma resumida, todos os sistemas apresentados ainda são rudes comparados com o conceito de inteligência. Em soma, computadores são rápidos, mas se perdem em problemas 'estúpidos', problemas que a solução parece tão real que não conseguirmos entender por que esses erram ("travam"). Isso nos leva a indagar sobre o que é 'inteligência' e como essa 'nasce', como a repetir. Sistemas inteligentes mesclam a nossa capacidade de pensar e a velocidade de sistemas computacionais.

Figura 8- O problema XOR. Neste problema, devemos achar linhas, na sua forma mais simples somente uma linha, que separam grupos de casos; um exemplo encontrado em medicina seria "com leucemia" (grupo 1) ou "sem leucemia" (grupo 2)[71], problemas de classificação

---

[70] Ver o caso de humanos, ou mesmo outras espécies, que conseguem adapta-se a situações complexas, muitas deles desconhecidas até o momento no qual essas devem ser encaradas.

[71] Fatores como a quantidade de hemácias com formas irregulares podem determinar se um indivíduo pertence a um grupo ou outro.

são aplicados em engenharia biomédica de forma contínua, e com bons resultados. Este problema por mais simples que seja visualmente para um humano, esse foi um grande desafio e somente com redes neurais o mesmo pôde ser resolvido.

Inteligência

Antes de se discutir os conceitos das *redes neurais*[72], *inteligência artificial*, paramos por alguns minutos. Uma das descobertas, talvez mais fascinantes do mundo científico ao lado da teoria da relatividade, esteja conectada ao cérebro humano[73]. Sabe-se que esse é feito de "pedaços", células, chamados *neurônios*. Esses conduzem eletricidade em um modo alternando de *neurotransmissores*[74] e

[72] O nome mais correto seria *redes neurais artificiais*. Por agora, redes neurais são modelos matemáticos criados tendo como base premissas vindas do cérebro humano em si, das redes neurais biológicas, como exemplo aprender de casos (experiência).

[73] O cérebro humano é um conjunto de células especializadas em receber sinais nas extremidades, e de repassar esse sinal. Essas células são chamadas de *neurônios* e foram descobertas no começo dos anos de 1900. Individualmente, essas células são somente células que disparam pulsos elétricos perceptíveis por sistemas de medida (como o campo magnético gerado pelos mesmos), liberam substâncias químicas chamadas de *neurotransmissores*.

[74] Neurotransmissores são substâncias químicas produzidas pelos neurônios, as células nervosas com a função de biossinalização. Por meio delas, podem enviar informações a outras células. Podem também estimular a continuidade de um impulso ou efetuar a reação final no órgão ou músculo alvo.

polarização da membrana celular. Isso gera uma "onda de sinal" que começa em uma ponta de uma rede de neurônios e culmina na ponta seguinte. O mais interessante é que neurônios morrem todos os dias[75], somente até aproximadamente dois anos de idade neurônios ainda nascem. Posto assim, cabe uma pergunta: *como ainda pensamos, não ficamos 'burros'*?! também, observe que depois de "velhos" (algo referente a idade em número), mesmo mostrando entusiasmo, temos dificuldades e mesmo resistência a aprender; isso vale mesmo para acadêmicos.

Em um comentário de historiadores da ciência, quando Einstein publicou a teoria da relatividade, Poincarè (cientista francês), "entrou em ciúmes", evitando qualquer referência ao trabalho de Einstein; este tinha chegado perto do que Einstein fez, mas devido à idade, pouco esse pode fazer para acompanhar a explosão[76]. Observe

---

Os neurotransmissores agem nas sinapses, que são o ponto de junção do neurônio com outra célula. (Wikipédia, Maio, 2015). Um segundo tipo de comunicadores são chamados hormônios, em alguns casos um substância pode ser classificadas nas duas categorias; como o neuropeptídeo Y, secretado pelo hipotálamo quando estamos com fome.

[75] Essa teoria tem sido desafiada, mas ainda é a predominante.

também a idade dos cientistas quando fizeram grandes descobertas.

De forma mais precisa, ficamos "burros" dia a dia. As maiores produções no mundo científico foram feitas por cientistas na idade em torno dos 25 anos. Depois de "velhos", somente a fama permaneceu. Sendo assim, estamos a todo gás aos 25 anos: experiência + neurônios. Ainda assim a pergunta: *deveríamos ficar menos ágeis em uma velocidade muito maior*. A perda de memória e similar é algo relativamente pequeno comparado com a perda de neurônio durante o processo de envelhecer. O segredo, não somente no cérebro, mas também em outros sistemas biológicas como o nosso código genético, é chamado *redes*[77], formalmente chamados de *grafos*. Esse assunto terá de esperar mais a frente para discussões mais aprofundadas. Mas o grande segredo se chama *combinação, conexão*. Isso gera o que se chama de redundância, o que gera o que chamamos de estabilidade.

[76] Mesmo o caso de Planck, cientista que "achou" Einstein e publicou o trabalho que Einstein iria usar para derivar seu trabalho ganhador do Prémio Nobel.
[77] Redes geram um dos pontos mais importantes em sistemas biológicos, que é redundância, que gera robustez.

Definição 4: *inteligência é a capacidade exibida por alguns sistemas de "mudar decisões"[78] em função das mudanças de cenários que esse enfrenta[79].*

Com essa definição, podemos concluir que o sistema para tomar banho (1-3) é uma forma simples de inteligência; e realmente essa é uma forma simples de inteligência. No entanto, a única inteligência incluída é a informação do participante com relação a 'tomar banho' e 'ir cheirando mal ao trabalho'; ver os fatores α e β, fatores de ponderação. Mas, o problema de trocar a ordem das atividades ainda permanece; esse pode enxugar e depois tomar banho e sair molhado todos os dias até queimar, lembra que esse é um androide em forma de gente.

Uma reflexão interessante com relação a esse caso. Suponha que queira usar inteligência. Uma forma seria usar dados de comportamento vs.

[78] Aqui estamos assumindo que o conceito de decisão já é bem-definido para o sistema. Por exemplo, quando uma bactéria, como *escherichia coli*, decide procurar glicose em vez de lactose, devido ao teor calórico, isso mostra uma decisão inteligente por parte do sistema.

[79] Usando o mesmo exemplo da Escherichia Coli, essa pode tanto usar glicose ou lactose como fonte de energia, mas prefere a glicose por produzir mais energia por molécula. Outro exemplo são as células musculares do nosso corpo, as mesmas "preferem" glicose, mas usam também outras fontes de energia como triglicerídeos e amino ácidos.

dados de defeitos (queremos evitar que o sistema pare de funcionar). O sistema de aprendizado vai aprender que algumas combinações de atividades, como enxugar e tomar banho, em sequência, geram resultado indesejados. Esse aprendizado seria feito sem intervenção humana.

No momento, podemos desenhar o seguinte esquema sobre sistemas inteligentes:

Figura 2- Sistemas inteligente.

(informação é qualquer forma de conhecimento não facilmente, ou mesmo impossível, de ser equacionado. Modelos matemáticos são em geral dois grupos, ensinamento do sistema, como se ensina uma criança o que é 'errado' ou' certo', cada um usa um método; e o segundo grupo de modelos matemáticos são modelos que 'fazem' o sistema existir, como paredes fazem o que se chama de 'casa')

Na literatura, dois grupos de modelos para ensinar são usados de forma de acordo com o problema em mão: *supervisionados* e *não-supervisionados*; nosso jogo do velha é supervisionado porque sabemos o que queremos. No primeiro alguém deve dizer ao sistema o exemplo e mais o que ele deve fazer por um período de tempo chamado de *treinamento*, o sistema

aprende somente "vendo" durante o treinamento[80].
No segundo, o sistema aprende sozinho, ninguém
"sabe nada", o sistema aprende algo escondido,
como ordem, e libera em forma de estados de
neurônios, como neurônios atirando em sincronia.

Fechamento do capítulo

Discutimos o conceito de inteligência artificial;
chegamos à conclusão de que inteligência artificial
é uma das manifestações da arte da modelagem
matemática. Ao mesmo tempo, seria injusto e
mesmo errôneo inferir que inteligência artificial é
somente modelagem matemática; modelos como
lógica confusa ou busca em árvores não são a
modelagem matemática da forma como
matemáticos as vêm. Posto deste modo, discutimos
um exemplo que mostra a potencial necessidade de
modelos inteligentes. Sendo o modelo estudado
programado de acordo com a modelagem
tradicional, chamada procedural, esse sistema é
bastante susceptível a erros como perda de
informação ou confusão na sequência das funções a
serem executadas. No modelo discutido, o agente
foi atrapalhado ao 'enxugar antes de tomar banho'
ou ao 'ser privado de usar o chuveiro'; esse sistema
não busca formas alternativas de resolver
problemas, como ir sujo ao trabalho ou pedir ao
vizinho para usar o banheiro do próprio. Sistemas
com essa capacidade são capazes de mudar decisões

---

[80] Já viu um bebê? ficam com os olhos arregalados e olhando,
estão aprendendo! E adultos se derretem, mas estão
aprendendo! Os olhos arregalados é para enganar os adultos!

para manter um objetivo maior, como não morrer ou ser danificado.

Redes Neurais:
primeiro contato

Tendo em mente que o cérebro humano realmente é superior a computadores em certas tarefas, vem a pergunta: *quais são essas tarefas? Por quê? Podemos imitar esses comportamentos em modelos matemáticos para posterior implementação em sistemas físicos como máquinas inteligentes?* Essas perguntas devem ser mantidas em mente pelo leitor.

Considere a figura apresentada em seguida.

Figura 3- Cérebro humano e alguns componentes.

Como se pode concluir, o cérebro humano é dividido em partes. A parte mais importante é chamada de 'camada cinzenta'; *córtex cerebral*. A descoberta de que a maior parte do intelecto está escondida nessa parte cinzenta realmente deixou muitos surpresos. Nem todo o cérebro é dotado com a capacidade de 'aprender'[81]; algumas partes são pontos vitais que já vem pré-programado pela evolução; mesmo a parte cinza parece em algumas pesquisas apresentar programações, como a nossa habilidade em aprender a falar ou mesmo ritmo por música. Alguns estudos até sugerem que comportamento pode ser herdado em parte dos pais[82]. Um exemplo curioso: estudos mostraram nos Estados Unidos que pessoas que vêm de culturas onde a honra se lava com sangue tendem a mesmo

---

[81] Na verdade, estudos cada vez mais mostram que "aprender e pensar" está espalhado por todo o corpo, desde interação entre hormônios como leptina e grelina no hábito de alimentar até expressão genética, temos comportamentos similar ao que chamamos de inteligência, mas essas discussões que fogem do objetivo desde livro.
[82] No entanto isso tange o conceito de código genético, algo além dos objetivos do trabalho corrente.

gerações depois terem um comportamento mais agressivo do que a média.

O próximo esquema mostra um neurônio (visão simplificada). Esse pode ser visto como apresentado no esquema logo em seguida, figura 4.

Figura 4- Esquema simplificado do neurônio humano.

Na figura logo abaixo, temos a troca alternada entre condução elétrica e neurotransmissores; essa é uma versão "traduzida" em termos de "engenheiro". Esse processo governa a transmissão de informação de um neurônio para o outro.

Figura 5- Alternância entre neurotrasmissores e condução elétrica.

(Uma forma de visualizar é ver cada neurônio como pedaços de fios com sensores nas pontas ativados por esses neurotransmissores. Isso é como ondas de perturbação viaja em um esquema de dominó. Ocorre alternância de "cair" e "derrubar")

Todas as informações apresentadas são apenas para auto-informação. Como dito no capítulo anterior, o segredo dos sistemas biológicos são as interações e esse ponto será o alvo das próximas linhas. O fato de que muitos livros em redes neurais mencionam esses detalhes anatômicos e fisiológicos concerne o fato de que a natureza sempre é um ponto de inspiração para esses sistemas. Veja que hoje esse tipo de prática está enraizado em vários campos das ciências, como *biomecânica* ou *biônica*. Esperamos que não destruamos a natureza antes que todos esses mistérios se transformem em belos modelos, especialmente em genética, onde estamos perdendo a cada dia em uma taxa alarmante.

Aprendizado de Máquina

Talvez uma das características mais marcantes em nós (*Homo Sapiens*, "homem sábio") está na capacidade de 'aprender'. Vamos à escola para aprender; brincamos para aprender. Somente na idade de criança, pulamos, sujamos, ficamos fazendo coisas banais; tudo isso é uma processo de aprender as leis do seu ambiente em torno e como essas limitam suas ações; somente uma criança colocaria a capa do super-homem para pula de uma ribanceira.

Os físicos modernos concluíram que o universo é governado por 20 constantes – constante de Planck, constante universal dos gases, constante de Boltzmann, velocidade da luz, carga mínima...posto assim, se uma, apenas uma, destas for perturbada por algum valor, não importa o quão simbólico esse seja, teríamos uma catástrofe ou novas leis; por exemplo, a gravidade poderia começa a ser 'ondas'. Ver esquema.

Figura 6- Campos gravitacionais.
(campo normal (esquerda) contra campo novo (direita)).

Quando as pessoas tentassem abaixar, essas sentiriam 'altos e baixos' na intensidade do campo gravitacional; no campo atual, somente precisamos exercer uma força para cima para ficarmos em pé, para abaixar, devemos diminuir essa força. No novo campo, em certos pontos, não precisaremos nem exercer forma para fica em pé, sendo assim, como o corpo como um todo está conectado, algumas partes serão mais 'forcadas' de forma a compensar essa carga extra vinda do campo sem 'gravidade'. Isso significaria que tarefas como pular, subir escadas, e outras devem ser re-aprendidas; voltaríamos a ser crianças! Seria possível parar pedras no ar certas regiões do ponto campo gravitacional; da mesma forma que podemos equilibrar coisas no campo atual.

Aprendemos de forma tão natural que nunca nos indagamos de conceitos como 'aprender' ou 'esforço em aprender'; o que poucos sabem é que aprender realmente gera esforço físico, movimento das terminações dos neurônios em busca de novas conexões para formarem redes; o cansaço que sente depois de estudar muito é real, o cérebro usa sozinho em torno de 20% da energia do corpo[83]. Simplesmente, estamos tão adaptados a 'aprender' que crianças simplesmente aprendem. Algo muito interessante é que crianças, especialmente entre 1 ano de idade, aparentam ter prazer em aprender, ver cores e tudo mais; devemos recordar que nessas o cérebro ainda está crescendo; é possível que essas sejam 'compensados' em aprender, como o prazer de estar perto da mãe. Muitas tarefas, como sexo ou encontrar um par, são compensadas com

[83] Mesmo assim, o cérebro é bem mais eficaz em termos de gasto energético do que computadores. Além de muitas outras curiosidades da eficácia do cérebro, como a quantidade de dados que manda de digamos dos olhos para o cérebro, seria uma conexão de internet antiga.

substâncias internas que geram o que chamamos de 'prazer'. Prazer em geral gera uma onda de felicidade.

A grande pergunta em redes neurais e áreas afins é como podemos imitar esses comportamentos de aprendizado em sistemas não vivos. Inteligência artificial levanta a questão de 'o que é um ser vivo'; alguns definem como somente a capacidade de reproduzir, vírus de computador reproduz ou alguns seres vivos não reproduzem por motivos de alteração genética ou simular; o primeiro não é vivo, mas o segundo ainda é. Podemos dizer que a única característica faltando para ser imitada em seres virtuais é a inteligência; inteligência nesse sentido inclui abstrações "esquecidas" pela fisiologia, por exemplo, como 'consciência'. Reconhecendo essas dificuldades eminentes; esse capítulo ganhou o especificador 'de máquina'. Iremos discutir aprendizado como atualmente é achado na literatura, como esses conseguiram abstrair; note que esses são modelos limitados, muitos mais preocupados como 'imitar' do que 'ser'. Uma vez foi dito que 'somente quando paramos de imitar os pássaros aprendemos a voar'.

Aviões estão muito mais do ponto de vista de mecânica dos fluídos do que anatomia.

Como Aprendemos (*Homo Sapiens*)

Não obstante todos os esforços humanos desde a Grécia antiga para entender termos como "inteligência", nem um modelo simples foi desenvolvido; mesmo os complexos não são completamente fieis ao que chamamos "inteligência", "aprender", "decidir". Tarefas simples como identificar objetos ou saber que um quadro girado é o mesmo quadro pode representar desafios para os modelos atuais de inteligência.

Consegue-se, com um modelo publicamente disponibilizado pela Google (*TensorFlow.js*), dizer que tem um cachorro e um humano nesta imagem. Contudo, o modelo foi treinado em supercomputadores, e com um número exorbitante de imagens. Ou seja, o que uma criança faz sem esforço, precisamos de computadores que ocupam uma sala toda, com ventilação especializada. No filme "Amelia 2.0", quando o robô está pensando, toda a malha de energia fica fraca, ocorre um pico de energia no bloco todo.

No entanto, é bastante lucrativo a discussão dos modelos atuais. Veja que podemos ser enganados também; como, por exemplo, uma roda pode parecer está "voltando para traz" quando está "indo para frente" ou uma corda vibrando pode ser "parada" por lâmpadas de descarga.

O modelo mais simples é chamado de 'chapéu mexicano'.

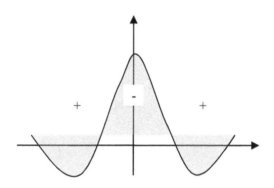

Figura 7- "Chapéu mexicanos" como modelos para comunicação entre neurônios.

(o eixo x significa distância física entre a terminação do axion de um neurônio e o dendrito do receptor.
Para certas distâncias, na zona 'positiva', ocorre ativação; ao passo que na zona 'negativa', ocorre repressão. Veja que ativação significa que o receptor será induzido a aumentar o potencial que forma entre a membrana do neurônio e a parte externa; de outra forma, temos que repressão induz a diminuição desse potencial interno. Para certas distâncias nada ocorre).

Apesar de "simpático", esse modelo falha em explicar o que realmente ocorre entre neurônios; alguns argumentam que a distância entre as terminações neurais dever ser muito maior do que realmente deveria ser para esse modelo ser válido.

O próximo modelo é uma alternativa para o modelo do chapéu mexicano. Veja que esse é um pouco mais complexo no sentido de ser entendido. O campo gerado por um neurônio em sua volta não é algo constante e simples de modelar.

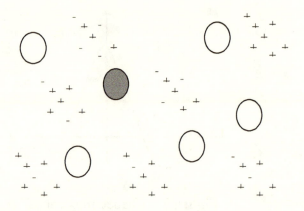

Figura 8- Modelo do campos potencias para comunicação entre neurônios .

(Cada círculo representa um neurônio; o círculo em cinza representa o neurônio que cria o potencial, como uma carga elétrica cria um campo potencial em volta de se. No caso da carga, sabemos que opostos se atraem e iguais se repelem, mas neurônios são cargas complexas. Não somente a carga importa, mas também a distância ou mesmo os estados da carga (cinza) e a carga de teste (branca)).

Mas a pergunta ainda permanece, mesmo esses modelos sendo simples,

---

como aprendemos? Como armazenamos informação do mundo real? Como um punhado de células compreende um mundo muito maior e complexo?

Todas as teorias podem ser no futuro modifica ou até mesmo substituídas; esse é o ciclo científico. Sendo assim, as ideias apresentadas representam o que muitos concordam que *pode ser* a explicação para o que ocorre dentro do cérebro para gerar as faculdades humanas como aprendizado ou memória.

"O conhecimento científico é um corpo de afirmações de graus variados de certezas - algumas são quase incertezas, outras quase certas, e outras totalmente incertas" Ricard Feynman, tradução própria

---

De forma a discutir, considere o esquema abaixo. Voltaremos a esse esquema mais a frente, mas essa será muito importante no entendimento de como aprendemos, como lembramos, como calculamos.

Figura 9- Três cargas elétricas em 'equilíbrio'.

(As cargas estão em' equilíbrio'; isso significa que o sistema composto por essas três cargas gera variação de momento com relação ao tempo igual a zero. As cores diferentes entendem dizer que essas são de valores opostos; por exemplo, cargas positivas e negativas).

Equilíbrio

De forma direta e simples: *equilíbrio ocorre em um sistema quando todas as forças se cancelam*, ou seja, a soma das forças atuando em cada elemento do sistema iguala zero; na matemática aplicada se diz, a primeira derivativa do campo potencial se cancela. No entanto, precisamos discutir o que é um 'sistema' e o que é 'força'.

> *Sistema é qualquer parte do universo que 'isolamos' para estudar.*

Isolar pode ser feito de forma física, como em fisiologia no qual se retira parte de um tecido e se realiza experimentos em laboratório; ou mesmo virtual, quando se estuda algo de forma imaginária. Muitos sistemas, como por exemplo, partículas interagindo para formar alguns pontos importantes de um sistema não podem ser isolados por motivos de funcionamento; como exemplo, o princípio de Heisenberg[84].

Não é possível medir a posição e velocidade de um elétron de forma precisa simultaneamente. Muitos sistemas exibem algo parecido, como em dinâmica molecular; muitos casos, como estudos de nano-fios, não podem ser vistos pelo olho humano por ocorrem em fantom-segundos (fs); muito rápido para o nosso sistema perceber qualquer mudança para ser estudada.

---

[84] Não conseguimos parar o sistema de elétrons, nem conseguimos medir de forma precisa a velocidade e posição simultaneamente.

Força é qualquer forma que pode ser transforma em trabalho; trabalho é qualquer forma que evolve variação de energia, tanto interna quanto externa. Trabalho sempre aumenta a *entropia* de um sistema. Entropia mede a desordem de um sistema. A forma mais aceita de escrever força é:

$$\frac{dp}{dt} = F \qquad \text{eq.(5)}$$

Ou de forma mais conhecido, para objeto que não variam a massa com relação ao tempo:

$$F = ma \qquad \text{eq.(6)}$$

Agora podemos estudar equilíbrio. Considere uma pedra sendo lançada para cima:

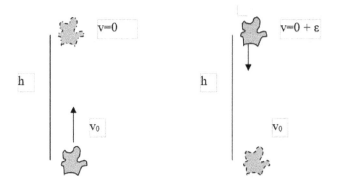

Figura 10- Lançamento horizontal de uma
pedra.

(Após ser lançada com uma velocidade inicial (v₀) a pedra alcança um ponto de altura máxima (h), onde essa permanece por uma tempo com velocidade zero para então iniciar a cair). Esse vídeo replica isso de forma bem interessante.

O mais interessante a notar é que a pedra sobe e desce de forma 'natural'; espontânea, como se 'alguém' a dissesse que existe uma altura máxima, que essa altura está relacionada pela equação:

$$v=\sqrt{v_0^2-2gh} \qquad \text{eq.(7)}$$

Onde: 'g' é a aceleração da gravidade.

A forma mais plausível de explicar isso envolve o conceito de *potencial.* O sol gera um potencial gravitacional em torno que atrai todos os

79

planetas, na busca do '0', a terra 'move como move'. O mais interessante é que esse conceito de potencial é tão importante que a biologia e química tiveram que adotar a ideia para explicar reações químicas ou como o corpo humano funciona; muitos tentaram sem esse conceito, mas falharam ao gerarem modelos cheios de exceções.

Sugestão de leitura. O Ponto de Mutação: A Ciência, A Sociedade E A Cultura Emergente de Fritjof Capra é uma excelente forma de se aprender sobre o uso desses modelos biologia.

Todo sistema caminha de forma a minimiza o potencial interno. Posto assim, potencial e força devem estar relacionados, e então:

$$F(x) = \frac{-\partial p}{\partial x} \qquad \text{eq.(7)}$$

Ou seja, sabendo a fórmula para o potencial entre componentes de um sistema, é possível prever o futuro desse sistema. No entanto, em problemas complexos, como partículas interagindo, como no DNA ou proteínas, nem uma fórmula ou metodologia existe. Usamos o que se chama *cálculo numérico* ou *simulação de computador*.

Contato com a realidade. as redes de Hopfield usam esse princípio de campos potenciais. Acredito que mesmo o cérebro usa o mesmo princípio.

Comunicação entre neurônios

Considere o esquema abaixo. Esse representa as terminações de dois neurônios comunicando.

Figura 11- Esquema do mecanismo de transformação de pulsos-elétricos em neurotransmissores e *vise* e *versa*.

(Começando da soma de algum neurônio, temos a formação de uma onda de polarização e despolarização da membrana do axion do

neurônio. Essa onda viaja na direção contrária ao soma. Quando atingi uma das terminações, esse pulso acarreta a produção de neurotransmissores, que deixam essas terminações para 'colar' nas terminações de neurônios vizinhos (dendritos). Após excitar por um tempo, esses retornam ao neurônio de origem).

A terminação superior pertence ao neurônio transmissor; ao passo que o esquema abaixo representa a terminação do neurônio receptor (dendrito). Esse esquema estuda dois neurônios conduzindo uma onda de informação, sendo um o que possui o sinal atual e "deseja" passar para frente; como 'telefone sem fio'. O neurônio transmissor comunica com o seu alvo via neurotramissores; esses excitam o alvo e logo retorna às vesículas que os liberam. Esse processo é chamado de *feedback*.

O próximo esquema mostra o tipo de gráfico que podemos ver caso se meça a o potencial na membrana celular (parede do axónio).

Figura 12- "tiro" de um neurônio[85].

Ainda sim estamos presos a responder, *como isso gera o que chamamos de "inteligência"*?

[85] Inspirado por E. M. Izhikevich, Dynamical systems in neuroscience: the geometry of excitability and bursting . The MIT press, Cambridge, Massachusetts, London, England, 2007.

Interação

Considere o seguinte esquema.

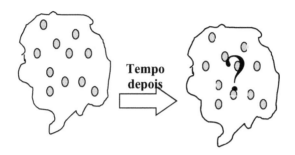

Figura 13- Sistema a ser estudado.
(*Se espera o tempo passar para 'olhar' o que ocorre.
Cada círculo representa um "elemento"; Cada
elemento gera um potencial nos outros, de forma
independente, como a lei de Coulomb para cargas elétricas*)

Esse tipo de sistema se chama *sistema dinâmico*. Existem toda uma teoria por traz desses, como teoria da bifurcação, caos, equilíbrio, propriedades emergentes...O desafio por traz desses é como da interação achar o todo; algo do tipo como o movimento de partículas de gás em um container gera propriedades como temperatura e pressão. Infelizmente, formulas como 'PV=nRT' não podem ser derivadas; mesmo essa é somente para gases ideais; o nosso mundo não é ideal, 'vacas não são cilíndricas'.

Um dos sistemas dinâmicos mais conhecidos: gera uma borboleta! Ver <u>A trajetória do sistema de Lorenz</u>

Na busca de estudar esses sistemas, chamados atualmente de *sistemas complexos;* podemos usar princípios da física como a observação de que todo sistema busca o estado de potencial mínimo.

Sendo assim, para saber "o que vem depois", devemos 'mover' o sistema rumo ao potencial mínimo; isso é chamado de *simulação.* Em teoria, poderíamos prever o futuro se soubéssemos todas as leis, inclusive do homem, como políticos tomam decisão, como pessoas amam, como pessoas sofrem, como os universos paralelos interagem. Mas isso nos limita a exemplos simples e modelos. Mesmo assim, estamos presos aos "fantasmas do Einstein", como *movimento Browniano.*

Mas onde entram os neurônios?

Eles trabalham em redes, como partículas em caixas, interagindo, mandando informações sentidas por neurônios de entrada até chegar a neurônios de saída. *Informações são armazenadas em forma de equilíbrio.*

Inteligência de máquina (*machine learning*)

O especificador 'de máquina' é necessário para destacar o fato de que mesmo com todo o desenvolvimento no entendimento da mente humana e réplica de algumas habilidades humana, como aprender baseado em exemplos, a forma como máquinas aprendem difere da forma como sistemas biológicos parecem aprender e processar informações; da mesma forma como pássaros voam difere da forma como aviões ou helicópteros operam.

Sistemas de máquinas sempre transformam em números as entradas antes de processarem como sistemas inteligentes.

Nesse processo, valores altos são vistos como excitação, ao passo que, baixos valores são vistos como inibição.

Sistemas biológicos aparentam usar sempre leis da natureza, como o fato de que todo sistema dinâmico tende ao ponto de mínimo potencial para armazenar informações. O que é mais curioso, sistemas biológicos parecem obedecer a padrões parecidos: temos dificuldades de armazenar informações contraditórias[86]. Ao meu ver, isso é porque quanto mais próximo for as informações, mas podemos fazer associações e diminuir a entropia para guardar a informação, e posteriormente usar. Isso se chama, como um dos possíveis fenômeno que reforça a tese de que o cérebro usa energia mínima para guardar e processar informação, *ilusão da verdade*.

"Tempo" geralmente é calculado no quanto sistemas dinâmicos "demoram" para alcançarem esses pontos de equilíbrio. Noção de frequência, como esses sistemas oscilam em torno de um ponto de equilíbrio, similar a uma bola dentro de uma cuia procura por um tempo o ponto de menor potencial.

[86] Leitura: Rápido e devagar: Duas formas de pensar, Daniel Kahneman

Essa ideia de potencial está em quase todo tipo de sistemas de inteligência; da mesma forma que aparenta guiar a natureza. É devido a potencial que temos energia elétrica!

Como isso funciona?

Por que sistema vão para o ponto de mínimo potencial é um mistério. Na verdade, as ciências estão cercadas desses mistérios, como exemplo, por que elétrons são tão caóticos e ao mesmo tempo tão essenciais para a nossa existência? Explicações são temporais e espaciais; por exemplo, por tempos se pensava que a pedra cai por que ele pertence à terra, cada matéria busca onde pertencia. Por mais estranho que parece, esses modelos vingaram por tempos. A ciência é um processo, estamos a cada dia melhorando!

Fechamento

Discutimos sobre o aprendizado de máquina. Passamos pela noção fisiológica e anatômica de um neurônio; como esses criam o que chamamos curiosamente de 'inteligência'. Podemos dizer de forma simples que o segredo dos neurônios está na comunicação; esses interagem para criarem tudo aquilo que podemos e não podemos. Diferentemente, nós não usamos neurotransmissores para formar o que chamamos de inteligência artificial, ao contrário, simulamos com números que deveriam representar intensidade (voltagens em neurônios).

Infelizmente, apesar dos avanços, ainda temos muito a caminhar para dizer que criamos o que se chama inteligência. Para separar o progresso concreto do que podemos ainda fazer no futuro criaram dois termos: inteligência artificial e inteligência artificial geral; a primeira é criada para resolver problemas, a segunda para replicar habilidades humanas.

Parece que a maior limitação, algo que ocorreu muito durante o processo evolutivo do intelecto humano, está na imaturidade de certas áreas das ciências, como matemática. Podemos destacar que matemática está em tudo, qualquer avanço não fica restrito a essas áreas, como muitos pensam e defendem.

Redes Neurais: *um passo a mais*

Apesar de todas as discussões até o momento, não se espera que o leitor esteja satisfeito a não ser alagado em informações. Informação é importante, mas sem uso prático, essa será apenas curiosidade. Posto assim, este capítulo procura acomodar todo esse conhecimento até o momento gerado em forma de modelo para resolver problemas práticos; podemos dizer que o objetivo das ciências é resolver problemas de forma "modular".

No estado atual da arte da ciência, podemos dizer que os campos mais promissores são aqueles relacionados à interseção de campos aparentemente não afins, como fisiologia e física; biologia e matemática; ciência da computação e neurociência. Não obstante esses exemplos, podemos ter casos de áreas que evolvem a interseção de muito mais. Damos o nome dessas áreas de campos multidisciplinares, transdisciplinares ou interdisciplinares[87]. Campos multidisciplinares, como biologia matemática ou engenharia biomédica, evolvem o uso de múltiplos conhecimentos, ao passo que campos interdisciplinares, como educação física e engenharia de produção, entram e usam em várias disciplinas; mas esses existem de forma isolada. Eu acredito que ainda não temos campos transdisciplinares, mas estamos a caminho!

Processamento paralelo

[87] Discussão aqui: Por que a Pesquisa Operacional é uma área interdisciplinar???. https://www.youtube.com/watch?v=TYQCJjFP0Pg&t=11s

Considere o esquema seguinte, figura 14. São apresentadas quatro atividades para ser processadas no cérebro humano: a) olhar palavras, b) escutar palavras, c) falar palavras, e d) pensar em palavras. O mais intrigante é que pensar em palavras ativa áreas no córtex cerebral de forma espalhado na superfície do córtex cerebral, algo que desafia a capa deste livro; A capa mostra a forma como teóricos pensavam em organização do conhecimento no cérebro, em forma de compartimentos, veja figura 15[88].

Figura 14- Áreas ativadas no córtex cerebral quando algumas atividades são feitas[89].
(Vermelho significa área de intensa atividade, ao passo que amarelo significa área de atividade moderada. Cinza é área sem atividade)

Figura 15- Visão em compartimento aceita por tempos por teóricos[90].
(Capa do livro)

[88] Em um caso interessante da medicina, uma pessoa nasceu faltando metade do cérebro, e teve uma vida intelectual normal. O cérebro se adaptou ao caso.
[89] Inspirado por E. R. Kandel, J. H. Schwartz, T. M. Jessell, Principles of neural science. Fourth edition. New York: Elsevier.

Nesta visão citada, derrames cerebrais nunca dariam espaço para melhorias. Temos casos de pessoas que sofrem acidentes, mas essas recuperam muitas das atividades antigas; sendo afetado algumas habilidades, que depois também podem ser recuperadas através de trabalhos focados; um processo de reabilitação como se faz com pessoas quem sofrem perdas em membros. O que se torno real é que realmente o cérebro se organiza dessa forma, mas não restritamente como pensavam[91]: a neuroplasticidade é mais plástica do que mesmo os mais otimistas colocavam. O que importa são as redes de neurônios, não onde esses estão no córtex cerebral; isso seria similar a treinar empregados com várias funções, quando algum pedir tempo para resolver problemas pessoais, seria substituído de forma rápida e sem estresse. Sem redes, neurônios são apenas células que disparam corrente elétricas

[90] Inspirado por E. R. Kandel, J. H. Schwartz, T. M. Jessell, Principles of neural science. Fourth edition. New York: Elsevier.

[91] O que pode ocorrer é que o número de células no cérebro humano é limitado, sendo assim, a morte de quantidade representativa, no caso de um derrame cerebral, pode representar uma sobrecarga ao nosso sistema neural de processamento. Ver Matéria de Capa da TV Cultura, acesso em 28/12/2022: https://youtu.be/X4V5seGo_yY?t=69

ao serem estimulados por químicas específicas (neurotransmissores). Os neurônios humanos estão entre as células conectado ao intelecto mais simples comparado com outras espécies, mas ao mesmo tempo que formam as redes mais complexas e importantes. A simplicidade que gera complexidade!

Atividades que pedem inteligência

Qualquer problema pode ser resolvido por métodos inteligentes, dos que realmente pedem sistema baseado em inteligência, podemos ainda assim citar muitos. Qualquer problema cuja dimensão, potenciais cenários, é infinito ou inviável de ser esboçado pede sistemas inteligentes. Lembre-se, diferente de sistema tradicionais, os sistemas inteligentes não pedem ao programar dizer as regras, o sistema acha as regras de exemplos. Como exemplo, suponha que queira criar uma estimativa de tempo para baixar arquivos. Existem tantas variáveis que seria impossível criar um modelo matemático. Um modelo inteligente vai usar dados de tempo de downloads passados, e criar um modelo sem se importar com pormenores. Não importa como essa regra seja, nem há necessidade de se expressar claramente, somente que essa seja em alguma dimensão replicada.

O trabalho de um físico é expressar leis usando equações, o mais simples possível, modelos inteligentes não precisam fazer isso. Por isso, são chamados de "caixa preta": não sabemos o que tem dentro, em termo de fazer sentido, mas funciona.

Uma classe bastante comum para aplicação desses métodos é chamada "problemas com barulho"; similar a ouvir alguém falando, mas carros e motos atrapalham, esses são "ruídos" ou "barulhos"[92]. Os exemplos apresentados são aditivos, não exclusivos. Ou seja, muitos outros exemplos podem ser citados com sucesso[93]. Como defende alguns autores[94], muito já foi achado e

[92] Agora, pode-se usar gratuitamente esses sistemas, alguns computadores como NVIDIA, já vêm com esses sistemas como parte do pacote. Alguns ouvem sua voz, para aprender o que é sua voz vs. baralho de fundo. Devo dizer, muito eficiente. Tenho usado, e fiquei impressionado com os resultados.
[93] Agora, virou moda sistemas para eliminar fundo em vídeos, com a COVID, todos queriam fazer lives, mas a casa estava uma bagunça!
[94] Veja S. Russell, P. Norvig, Artificial Intelligence: A modern approach. Second edition. Prentice Hall Series in Artificial Intelligence: 2003.

simplificado no campo da física, mas em inteligência artificial temos lugares para vários "Einsteins". Sendo assim, esse campo parece bastante promissor para jovens cientistas buscando desafios.

Nas próximas linhas discutiremos problemas que pedem inteligência. Note que os exemplos são didáticos, sendo esses adotados em livros de redes neurais. Esses não exigem conhecimento de processamento de imagens ou similar, por exemplo. Todos são modelos para construção de sistemas mais complexos. Aos querem algo mais avançado e real, sugiro um livro de redes neurais avançado.

Problema de separação de objetos

Um problema bastante comum no mundo real é dizer "sim" ou "não", "certo" ou "errado", "aceitar" ou "não aceitar". Esses tipos de problemas não podem ser resolvidos usando métodos tradicionais; veja que no gráfico abaixo temos um caso 2D, algo que podemos ver e classificar.

Duas extensões desse problema pedem inteligência: 1) classificação em frequência e quantidade alta; 2) dimensões superiores a 3D. Imagine que precisamos classifica 10.000 números entre "sim" ou "não"; pode ser dar "crédito" em um banco ou não. Imagine que para piorar, temos de fazer isso de hora em hora. Usando inteligência artificial, podemos apresentar 30 exemplos, por exemplo, a rede; ensine essa como se ensina um empregado recém-chegado, com pouca experiência, mas "cheio de vontade".

Esse tipo de problema é aplicado em medicina para decidir entre "doente" ou "não doente". No encontro de redes neurais de 2009, em Ouro Preto, foi reportando um caso de estudo desse tipo em pacientes com leucemia; amostras de sangue eram analisadas, hemácia por hemácia, para dizer doente ou não doente. A motivação era evitar retirar sangue do paciente de forma desnecessário e aumentar a precisão do diagnóstico.

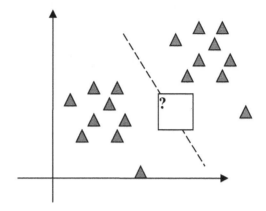

Figura 16- Problema de separação de objetos.
(Cada cor de triângulo representa algo no mundo real)

Existe uma ferramenta da Google[95], em inglês, ideal para ver isso em ação; Matlab tem alguns exemplos legais, mas é pago!

Você pode acessar aqui a caixa de areia!

O objetivo é separa os pontos por região, tarefa que até mesmo acredito uma criança saberia fazer, mas foi difícil criar um algoritmo para fazer isso. Hoje é padrão, mas foi muito chão na comunidade científica para chegarmos a esse nível.

Aperte *run*. Resultado final abaixo:

[95] Redes Neurais em JavaScript: Toolbox em JavaScript para ensinar redes neurais. https://www.youtube.com/watch?v=mhd6kgYIuo4&t=104s

Note a separação! Azul na região azul, e laranja na região laranja.

Problema de reconhecimento de imagens

Temos caso em que vemos algo e dizemos "isso me lembra..."; isso se chama memória associativa. Esse modelo é um dos mais poderosos de redes neurais para identificar sistemas como "ruídos". No esquema abaixo temos um "T" bagunçado e o sistema deve dizer "esse é um T". Isso poderia ser um rosto deformado ou uma foto antiga ou degradada pelo tempo.

Figura 17- Problema de reconhecimento de imagens.
("T" é uma possível imagem referente ao borrão apresentado ao sistema inteligente)

Sistema mais avançado que associa letra manual a números digitais. Finalmente, a "tia" não vai mais precisar entender os seus garranchos! Cada quadro tem uma letra manual, escrita a mão, acima a previsão do que seja. Vermelho significa erro, note o "2" lido como "7". Nem eu mesmo entendo minha letra! No geral, acerto de 95%! Isso para mim é impressionante!

Problema de aprender leis escondidas

O próximo é um clássico por representar uma demanda humana constante: prever o que vem depois. Dado um conjunto de dados, devemos dizer o que vem depois baseado em algum resultado. Um caso exemplo são Séries Geométricas (PG) ou Aritméticas (PA). PA e PG oferecem formulas, problemas do mundo real raramente oferecem formulas tão bem comportadas. Esses são modelos didáticos, mas não reais.

Figura 18- Problema de aprender leis escondidas.
(São 13 dados desse tipo com uma resposta, problema coletado do mundo real)

Problema de topologia

Os próximos exemplo evolve o que chamamos de organização. Organização significa que algo está organizado com algo. Esse tipo de informação pode dizer por exemplo pessoas com aptidões musicais similares. Esses modelos não exigem que você diga o que é errado no momento de ensino. Esse seria um aluno autodidata ou uma secretária; alguém que pega sua bagunça e organiza em forma de conhecimento.

Figura 19- Problema de topologia.
(Pontos no espaço possuem alguma relação
escondida, como comunicação)

Problema de achar "ponto de gravidade"

Um outro exemplo evolve achar representante de dados; como presidentes e prefeitos. Para grupo de dados, escolha um dado que melhor represente esse. Isso é importante em armazenamento de grande quantidade de dados, por exemplo, somente guarde o que importa. Isso é similar ao método da mecânica, no qual se estudo um corpo como pontos; centro de gravidade. Isso simplifica bastante o estudo de corpos em movimento.

Figura 20- Problema de achar "ponto de gravidade".
(Pontos no espaço possuem alguma relação
escondida, como comunicação. Os pontos pretos são dados.
Os pontos em vermelho são os pontos de gavidade)

Fechamento

Discutimos sobre a capacidade mais importante das redes neurais: *processamento em paralelo*. Processamento em paralelo significa executar tarefas em redes; cada "nó", tarefa, pode ser executa de forma simultânea a outras. Esse tipo de estratégia não é difícil de ser encontrado na natureza, sendo algo bastante comum para tratar problemas de natureza complexa. Algo não mencionado, mas de vital importância em redes é chamado de *redundância*. Redundância pode parecer "desperdício", sem nem um sentido aplicável. Neste ponto aprendemos que a natureza é mais prática do que "fazer sentido". Mostramos que no cérebro, fonte de inspiração para as aclamadas redes neurais, tarefas como pensar em palavras, que realmente são totalmente e facilmente notáveis paralelas. Devemos mencionar que um segundo exemplo de processamento de informação em paralelo e mesmo de certa forma que gera aprendizado está nas redes genéticas; algo não trato nesse volume.

Discutimos alguns exemplos que pedem a aplicação de redes neurais. Veja que esses problemas vão 'na contramão' do que chamamos de "funções"; isso torna difícil a aplicação de modelos tradicionais, como encontrar retas e curvas para representarem dados. Uma das limitações das redes neurais, resolvido por outros modelos baseados em inteligência artificial, está na necessidade de transformar em números os dados antes da aplicação dos modelos; um exemplo é chamado *"Fuzzy systems"* ("lógica confusa"). Nem sempre é possível transformar em número informações do mundo real; como por exemplo, "decisão".

Redes Neurais:
passado, presente e futuro

O primeiro modelo de redes neurais veio por volta de 1940. Essa era o que hoje se chama de *perceptrons*[96]: um sistema que "pega" qualquer número e transforma em "0" ou "1"; em termos matemáticos isso se chama 'mapa'. Por incrível que pareça, esse pode executar funções não-feitas por

[96] O perceptron é um tipo de rede neural artificial inventada em 1958 por Frank Rosenblatt no *Cornell Aeronautical Laboratory*. Ele pode ser visto como o tipo mais simples de rede neural *feedforward*: um classificador linear.

sistema até esse momento conhecido; mesmo hoje esses sistemas são aplicados[97]. Isso levou os idealizadores a afirmar que esses modelos de neurônios solitários poderiam resolver qualquer problema; segundo conta-se, um matemático provou logo em seguida as limitações do modelo "de Deus". Após descobrirem furos na prova matemática, esse continuou sendo limitado, mas por aplicações encontradas. De qualquer forma, esse modelo é largamente citado em cursos de redes neurais por ter sido o percussor do que temos hoje. Toda história tem um começo!

Cada 'estado' deveria modelar os estados neurais, como "neurônio ligado", "não ligado". Hoje sabemos que neurônios são bem mais complexos.

---

[97] Uma aplicação bem conhecida é como saída, última camada, quando precisamos definir se algo "é" ou "não é". Um exemplo interessante, em uma aplicação que programei quando estudava modelos da Google era classificação de sites, dizer se um site estava "pescando". O modelo usa vários detalhes do site, como IP, uso de HTTPS, e mais. Todas essas informações alimentam um modelo que precisa decidir se o site está tentando enganar o internauta. Site que "pescam" usam falsos sites para obter informações sensíveis dos usuários.

Figura 21- Valores obtidos como saída dos perceptrons.
('k' é o que chamamos de 'degrau'. Acima desse valor o neurônio libera "1", caso contrário, "0")

Em busca de melhorias, novos modelos foram propostos. Um dos mais interessantes surgiu com John Hopfield: *redes de Hopfield[98]*.

Esses modelos não exigiam "professores" como os anteriores; mais ainda, deu um dos passos mais importante na busca de consolidar esses modelos como "prato do dia" para neurocientistas; esses models são *aprendizado não-supervisionado*. Em termos técnicos esse passo se chama *feedbacks;* neurônios não somente passam sinal para frente, eles também "voltam" sinal para neurônios que não receberiam sinais desse e disparam em paralelo; seria como alguém avisar a se mesmo da sua situação atual e a mesmo tempo alguns que recebem as mesmas informações que recebem, mas nunca saberiam do seu estado. Redes de Hopfield modela

---

[98] **Vale uma nota**. Quando esse livro foi escrito, a primeira versão, em 2012-2013, essas redes faziam sentido até mesmo do ponto de vista de aplicação. Hoje, como modelos como aprendizado profundo, essas redes ficaram para trás. Contudo, ainda são modelos interessantes para se explicar como as redes neurais evoluíram, até chegar ao que temos hoje. Talvez, a maior parte dos modelos de aprendizado de máquina sejam redes neurais.

o que chamamos de *memória associativa*; quando lembramos de algo, de um amigo, de uma canção baseado em traços dessas, ou quando reconhecemos uma letra posto em uma janela de vidro, nessa desce água para perturbar a imagem.

Abaixo segue um exemplo interessante que mostra o funcionamento da memória associativa que essas redes modelam[99].

A próxima imagem é a mesma, agora com cores. Note que se olhar novamente na imagem preto e branco, agora vai ver a cobra, e não consegue mais "desver". Uma vez que criamos a memória, essas memórias passam a ser acessadas mesmo quando vemos "borrões": o processo de aprendizado cria memória no nosso cérebro. Isso é a memória associativa, modelada por Hopfield como um campo potencial, onde cada memória é um ponto de energia mínima.

---

[99] Rede de Hopfield com 4 padrões | memória associativa | rede neural artificial. https://www.youtube.com/watch?v=t3t22algCJk&t=10s

Essa capacidade nossa de "arrumar" imagens é o coração da rede de Hopfield.

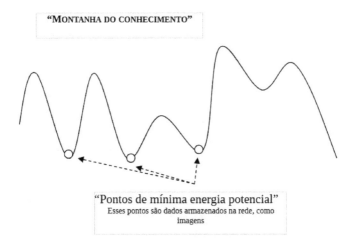

Figura 22- Esquema para explicar como funciona a rede de Hopfield.

(*Cada ponto é uma esfera. Sabemos das experiências do dia a dia que se uma esfera for solta em um ponto alto, essa desce para o ponto mais baixo; no mundo da abstração, os mais baixos se chamam "ponto de mínimo potencial". Os círculos seriam como exemplo a lembrança da cobra depois de ser colorida, apresentando anteriormente, ou mesmo os números certos ao se ler números escritos por diferentes pessoas manualmente (caligrafia vs. o número digital)*)

De forma em paralelo apareceu outro esquema de rede, chamada de *Perceptron de Múltipla Camada* (PMC), a gênesis do *pop star* atual, as redes de aprendizado profundo. PMC tinha sido desenhado há aproximadamente 40 anos atrás, mas por motivos de falta de matemática aplicada ao modelo, nada pode ser feito. Esse modelo foi dado o título de "aproximador" universal devido à capacidade desse de aproximar função com formas variadas. Como um camaleão pode imitar a cor do ambiente a sua volta.

Com o crescimento de novas pesquisas na ciência do cérebro, vieram novas e importantes descobertas: neurônios se "organizam" em grupos que agem de forma similar!; neurônios são basicamente 2D, mas forma imagens 3D; neurônios se organizam em camadas dentro de camadas...essas pesquisas criaram os modelos *auto-organizáveis*. Redes Auto-organizáveis, ou rede de Kohonen, são modelos que aprendem sozinhos, aprendem relações de semelhança entre objetos. Somos bons em agrupa objetos, pessoas, estereótipos.

Muitos outros modelos seguiram. Todos esses modelos foram agrupados em modelos supervisionados; não supervisionados e modelos de "reforçamento" (*reinforcement*); existem novas classes, mas não vamos tratar aqui por ser algo mais avançado. Esses diferem na forma como os dados são apresentados para a rede neural. Segundo fontes variadas e muitas de cunho mais técnico, modelos de reforçamento são os modelos mais próximos do que chamamos "aprender"; esses simulam alunos em uma classe, "somente estudam" se obterem nota baixa, mas do ponto de vista computacional não são eficientes. O campo é bem rico, por isso me apaixonei por esse tópico logo de primeira!

Com o desenvolver de novos modelos, esses começaram a bifurcar em duas áreas, ambas atualmente ricas e pontos de investimentos: modelos para inteligência artificial e modelos para neurociência. Eles diferem nas preocupações. Modelos para neurociência tendem a ser complexos, com grande quantidade de *feedbacks* e parâmetros para serem afinados. Modelos para inteligência artificial tendem a ser mais voltado para custo-benefício; quanto menor o tempo computacional melhor, quanto menor for a complexidade por aumento de elementos no modelo melhor. Como exemplos antagônicos: redes neurais de espinho focam na parte de neurociência, ao passo que redes de aprendizado profundo focam na parte de ser eficaz. Fazendo um jogo de palavras:

Redes neurais para resolver problemas são eficazes, redes neurais para neurociência são eficientes.

Podemos dizer que os novos modelos serão mais próximos dos biológicos, mas ainda preocupados com o problema de rodar esses em computadores de forma rápida. Em mini-curso recente, eu tive a oportunidade de ver a próxima geração e previsões para modelos do futuro; até mesmo recentemente submeti alguns trabalhos para encontros em redes neurais. Modelos novos (futurísticos) irão usar genética, depois física quântica. Devemos ressaltar que não ciências nada surge do nada. Como disse Rutherford; "a ciência avança passo a passo e cada cientista depende dos trabalhos dos seus predecessores". Isso foi dito para destacar que esses modelos das novas gerações já existem documentados em parte, mas faltando "heróis da ciência" para usá-los, defendê-los.

Deep Blue derrota o campeão de xadrez[100]

Quando uma pessoa leiga, entende-se mesmo boa na sua própria área, digamos um médico, ouve: "grande mestre de Xadrez é derrotado por computador", ou "grande mestre de GO, jogo chinês, é derrotado por computador", poucos conseguem entender a realidade, acredito. Eu mesmo não entendia até estudar melhor o caso. Essa derrota é sutil devido a duas observações, que merece menção e atenção. Uma é que não houve derrota no termo intelectual. A outra é que marca o momento onde a criatividade humana começa a ser valorizada. Similar ao momento onde o homem deixou de puxar carroça para usar burros, ou usar locomotivas. Isso seria o momento que podemos

[100] Ler: Deep Thinking: Where Machine Intelligence Ends and Human Creativity Begins. Book by Garry Kasparov

deixar nossa mente fazer o que ela faz de melhor: pensar. Chamo isso de "super-cérebro".

A tal partida legendária de Kasparov e Deep Blue[101] mostrou o momento onde máquina derrotou homem, mas não o momento onde os robôs ficaram mais inteligentes. Essa derrota não deve ser encarada de forma negativa, como a palavra derrota geralmente associa. Essa derrota é uma profecia longo prevista: o computador simplesmente fez o trabalho de 1.000 homens, como faz um cavalo puxando carroças.

Você se senti humilhado se um cavalo é mais forte do que você? Por que se sentir humilhado se uma máquina te derrota no xadrez?

Como disse Kasparov: "Deep Blue era tão inteligente quanto seu despertador". Então, *como ele ganhou?*

Força bruta!
Como assim?

Computadores fazem o que humanos fazem, somas aritméticas e mais, contudo, em velocidade bem mais rápida. Ou seja, a força mental de 10.00 homens, mas o cérebro de uma pedra.

Imagine você jogando xadrez com uma pessoa, e essa pessoas possui um time de jogadores para pensar, para ver quais são as consequências da

---

[101] Deep Blue versus Garry Kasparov.
https://en.wikipedia.org/wiki/Deep_Blue_versus_Garry_Kasparov

jogada antes da jogada: isso se chama time de executivos, e se chama multinacionais! :)

Isso ajudaria a "ver o futuro". Sim, xadrez é um jogo combinatório: existe um número não infinito, mas enorme de possibilidades de jogadas. No caso do jogo da velha, que mostramos um algoritmo que joga, temos uma combinação simples. Criar um modelo nesse caso seria mais para fins didáticos, ou mesmo entretenimento: para iniciantes, podem aprender jogando com o computador.

Em entrevista ao programa do Jô[102], Kasparov disse que a lenda de que um jogador de xadrez "vê" 20 jogadas à frente é lenda. Ele conseguia ver em torno de 5 jogadas à frente; isso depende, se entendi bem, da complexidade da jogada. Em geral, isso não acontecer como ver as combinações, mas padrões: quando começamos a aprender, aprendemos padrões, como cravada e abertura siciliana. Eu vejo como romantizada a ideia passado na série, muito boa, *The Queen's Gambit*. Em uma cena, ela consegue ver no teto jogadas bem a frente.

Se está com dificuldades de enxergar meu ponto de vista, considere o número 8 como exemplo. Esse número é um padrão. Por que? surge da somatória de outros números. 8=4+4; 8=7+1. Se eu te pedir para lembrar todas as combinações do 8, ou o 8, qual seria mais fácil? Acho que seria o 8. Outro exemplo seriam os padrões para desbloquear telas de *smartphones*: muitos usam padrão de tela, somente precisa criar um padrão e repetir. Isso é

---

[102] Jô Soares entrevista Garry Kasparov. https://www.youtube.com/watch?v=Xj01QnBCkr4 acessado em 29/12/22.

geralmente mais fácil de lembrar do que senhas de letras. Mesmo para mim que estou acostumado a trabalhar com matemática teórica.

Quando era criança e via monstros em sombras, isso é seu formador de padrões. Não vamos entrar em detalhes, mas esses padrões podem ser aprendidos durante nossas vidas, tanto emocionais, culturais quanto intelectuais; as redes de Hopfield trabalham nesse domínio Exemplo seria desse vídeo meu, tente você mesmo: Rede de Hopfield com 4 padrões.

Se ainda não aprendeu xadrez, sugiro começar. Xadrez é padrão, não calcular todas as possibilidades e escolher a melhor: se fosse um jogo simples, como "jogo da velha", seria possível. Quando estamos aprendendo, tentamos calcular antes de mover, mas somente ficamos bons ao estudar os padrões ensinados por jogadores melhores, e algumas regras de dedo. Aprendemos o 8, não as combinações que geram o 8, para depois calcular todas as vezes. Mesmo a soma funciona assim: quando se aprende tabuada, aprendemos a reconhecer os padrões de números, e paramos de ficar somando no dedo para multiplicar.

Poderia falar sobre isso por linhas e linhas, mas vou deixar você curioso. Se quiser me desafia, eis o link aqui.

A diferença está no custo computacional, na energia necessária. Padrão é o que fazemos de bom: *vieses cognitivos* são formas de padrões que nosso cérebro possui programado, que muitas vezes podem nos enfiar em situações complicadas, como racismo e tendência de confirmação; parecem formas já enraizadas na mente, que precisamos prestar atenção, como no xadrez, o cérebro para enfrentar um mundo muito mais complicado, criou regras para acelerar o processo de pensar.

Grande parte do pensamento não acontece como Deep Blue, mas como Kasparov, um jogo de padrão e criatividade, atalhos e mais. Modelos mais novos de IA também focam em padrões, mas não era o caso do *Deep Blue*, que calculava como se fosse um mundo de pessoas as consequências antes de mover. Isso somente foi possível devido ao poder computacional superior da máquina na época[103]. Apesar de tão inteligente quanto um despertador, era mais forte do que 10.000 homens.

Ou seja: Deep Blue venceu como se tivesse o mundo todo fazendo cálculos para ele, mas sem pensar. Um exército de zumbis bons em matemática, em fazer cálculos no braço. Mas pouca criatividade.

Isso seria similar a comparar Pelé com o exterminador do futuro no campo: acredito que o exterminar ganha! Mas seria justo?

O que é mais curioso, depois de perder, Kasparov fez uma proposta interessante: e *se trabalhássemos juntos, homem e máquina?*

Esse deve ser o futuro! Não competições fúteis de quem ganha o quê!

[103] Curiosamente, Kasparov enfrentou o mundo, que seria o mesmo que Deep Blue, e ganhou: https://en.wikipedia.org/wiki/Kasparov_versus_the_World

Alocação de unidades de saúde[104]

Eu gosto de comparar médicos a vocalistas de banda: por trás do vocalista existe um mundão de pessoas, entre eles o baterista, técnico de som e toda as pessoas da logística e planejamento. Ou seja, agora, quando ver alguém pulando no palco, lembre-se: existe um mundão por trás do palhaço no palco! No futuro, até computadores![105]

Em documentário da Netflix, foi dito que o maior medo do Chorão de terminar a banda quando as coisas iam mal eram as pessoas que iria perder o emprego. Isso não somente me ajudou a perceber as pessoas por trás de todo grande líder, mas também da percepção da comunidade.

Por trás de um médico, existe toda uma equipe.

Vamos falar de um exemplo interessante, vamos focar na parte genérica, nos conceitos como dizia um amigo meu: "sempre foque nos conceitos".

---

[104] Baseado em: MARIANA MENDES GUIMARÃES. MODELOS MONO E MULTIOBJETIVO PARA O PROBLEMA DE LOCALIZAÇÃO DE MÁXIMA COBERTURA: ESTUDO DE CASO SAMU-BH
[105] Doc Jorge featured DrumBot | TensorFlow.js | AI da Google. https://www.youtube.com/watch?v=pAu4pYY25As

Este exemplo é perfeito para ensinar algo mais, que diferencia modelos de aprendizado e modelos de algoritmos clássicos[106].

Figura 23- Pensamento Computacional visto da angulação de como os algoritmos funcionam.

(*Note que a grande diferença é que aprendizado de máquina encontra regras, ao passo que algoritmos tradicionais pedem regras; o comum são os dados, tanto sistemas tradicionais quanto baseados em aprendizado de máquina exigem dados. Ciência de dados e Big Data são mais do que IA, engloba também algoritmos clássicos, matemática pura e aplicada. Uma diferença forte, usada no passado para desqualificar IA, seria a quantidade massiva de dados que as mesmas precisam, hoje isso está longe de ser um problema*)

Abaixo segue outro ponto interessante do exemplo a dar. O ponto mais importante são as APIs. APIs é uma forma de programas se comunicarem entre si, apesar de que APIs podem ser usadas por humanos. Algumas propostas públicas de aumentar o poder da inteligência artificial é através do uso de APIs abertas[107]. TensorFlow.js (Google) é uma API aberta, onde pode-se em minutos criar modelos avançados para aplicações web, valendo-se de inteligência artificial, aprendizado profundo. O jogo da velha citado nesta obra foi criado usando essa biblioteca.

No nosso caso, a API serviu como pré-processamento: isso facilitou a matemática, os

[106] Baseado em Deep Learning with JavaScript: Neural networks in TensorFlow.js, por Shanqing Cai, Stanley Bileschi, Eric D. Nielsen, Francois Chollet
[107] #58 Dr. Ben Goertzel - Artificial General Intelligence. https://www.youtube.com/watch?v=sw8IE3MX1SY&t=1784s

cálculos. Isso evitou que fosse necessário criar um algoritmo, muito provavelmente pouco eficiente, que calculasse o tempo de distância entre dois pontos, levando em consideração fatores geográficos e temporais (horários de pico).

Em um cenário tradicional, onde comecei a programar, teria de manualmente programar tudo; meu primeiro jogo da velha foi programado durante dias, criado ataque, defesa e mais, tudo manualmente. Isso colocaria uma camada de dificuldades: como calcular o tempo entre dois pontos levando em consideração fatores reais, como trânsito e mais?

O API da Google do Google Maps faz isso!

Como estamos em um livro para leigos, deixe-me ser mais explicativo.

Considere o seguinte cenário:

Eu te pergunto quantas horas são. Você me responde.

Simples assim!

Suponha que te faça essa pergunta em diferentes momentos do tempo: se eu te perguntasse em 1700, iria me responder com um relógio de pêndulo, antes, talvez um relógio de sol; talvez faça como o Crocodilo Dundee, e olha para o sol. Agora pense na mesma pergunta agora: talvez me responda com um relógio de quartzo. Note que a pergunta é a mesma, como dizia Einstein, mas a resposta mudou. Isso aparece na programação como *encapsulamento*, ou, *programação orientada a objetos*. Todo programa faz um contrato com o mundo, e deve cumprir esse contrato. Isso é importante para explicar o próximo conceito.

Suponha que pergunta a distância entre dois pontos. Nos meus tempos de faculdade, programador Java, criaria uma função para calcular a distância Euclidiana. Por mais talentoso que fosse, isso seria uma aproximação forte da realidade, seria o relógio de sol ou pêndulo, depende de quanta energia colocaria para aperfeiçoar o algoritmo: que poderia levar anos. Suponha que mantenha a pergunta, posso mudar a precisão sem mudar nada pela frente: ou seja, o algoritmo de pensamento computacional.

Isso trouxe outro ponto que não vamos aprofundar, mas deixo bailando no ar: a especialização de algoritmos públicos. Isso geralmente aparece como APIs, ou pacotes no repositório NPM. TensorFlow.js está no repositório NPM e possui várias APIs abertas.

Que tal usar o *Google Maps*. No algoritmo que vamos usar, usa-se Google Maps para alimentar um algoritmo que busca alocar ambulâncias no espaço para garantir um tempo de atendimento máximo. O objetivo é evitar que a ambulância demore mais de um certo tempo para chegar.

Figura 24- Uso de APIs[108] para comunicar com modelos.

[108] API significa *Application Programming Interface* (Interface de Programação de Aplicação). No contexto de APIs, a palavra Aplicação refere-se a qualquer software com uma função distinta.

Figura 25- Mapa para posicionamento de
unidades de saúde usando pensamento
computacional.

*(Pontos vermelhos – pontos onde se precisa de unidades de saúde; pontos
azuis – onde é possível ter a unidades; pontos transparentes – onde se
colocou uma unidade)*[109]

Abaixo segue o modelo matemático que pode ser
usado para se resolver isso[110]:

Esse modelo seria clássico, segundo o diagrama
anterior que tenta comparar os dois tipos de
modelos para pensamento computacional.

Nesse modelo, temos os dados, que seriam do
Google Maps e dados estatísticos históricos para q_{iu}.
Ou seja, entramos com a regra como forma de criar
o modelo. Um modelo de aprendizado de máquina
para resolver problema similar deveria encontrar
essa regra ele mesmo, baseado em exemplos de
humanos, ou mesmo exemplos reais considerados
boas e péssimas configuração de unidades. Isso
depende do modelo usado, se é supervisionado ou
não.

[109] Favor usar um computador nessa imagem! No Kindle vai
aparecer mal, depois, no futuro, mudo a figura! :)
[110] MARIANA MENDES GUIMARÃES. MODELOS
MONO E MULTIOBJETIVO PARA O PROBLEMA DE
LOCALIZAÇÃO DE MÁXIMA
COBERTURA: ESTUDO DE CASO SAMU-BH. P.60.

Modelo para segmentação de dados usando redes neurais

Um caso bem interessante, e bem comum, seria a necessidade de *segmentar dados*[111]. Nesse processo, separamos dados em grupos.

Alguns exemplos reais:

- Entonação do comentário nas redes: negativo, neutro ou positivo;
- Paciente doente ou não doente;
- Site tentando pescar (*phishing*);
- E-mail spam, ou não;

Esses são exemplos típicos, onde se deve segmentar dados.

Vamos para caixa de areia. Vamos usar uma ferramenta da Google, que já foi apresentada durante o livro, disponível gratuitamente[112]. Essa caixa de ferramenta pode ser achada no link: https://playground.tensorflow.org/

---

[111] Data segmentation with simple perceptron | artificial intelligence | neural networks in action. youtube.com/watch?v=RYkr0asuXL8&t=2s
[112] Redes Neurais em JavaScript: Toolbox em JavaScript para ensinar redes neurais. https://www.youtube.com/watch?v=mhd6kgYIuo4&t=102s

Essa é uma rede com quatro neurônios na camada escondida, que recebe os sinais do mundo, seria a pele se fôssemos fazer uma analogia. 2 neurônios de saída. O objetivo é colocar os pontos no lugar certo: pontos azuis na região azul e pontos laranjas na região laranja. Isso pode ser fácil para humanos, mas tome alguns cuidados antes de subir no telhado da arrogância.

Esses modelos são mais rápidos do que humanos, e baratos! Muitos casos reais não são visualizáveis como esse. Em um caso de decidir se um site está pescando (*phishing*), isso pode ter mais de 100 parâmetros, como IP, localização e mais. Mesmo em 2D, alguns dados podem ser relações complicadas para humanos verem. Apesar da nossa capacidade de ver padrões, essa capacidade é limitada a padrões fáceis, padrões simétricos e repetições/combinações de padrões fáceis.

Rodando um pouco, note que o algoritmo começa a acertar!

Depois de rodar mais, note que acertamos! A curva acima da figura seria a curva de erro, quase zerada. Isso seria um aluno nota A!

Esse caso seria interessante não somente como ferramenta de automação, mas como ferramenta de entender aprendizado, usando algoritmos.

Inteligência artificial e medicina

Talvez uma das aplicações mais promissoras seja na medicina, e também que sempre me interessei. Abaixo segue um exemplo onde um modelo, nesse caso um modelo clássico, sem inteligência, separa um tumor valendo-se de uma imagem computacional, um *encefalograma*.

modelo computacional para a segmentação de câncer, valendo-se de técnicas "burras", nada muito fora do status quo. Fonte: Pires (2021)[113].

---

[113] Pires, Jorge Guerra. Uma introdução aos métodos matemáticos nas ciências da vida: aprendendo sobre modelos computacionais e matemáticos aplicados à biologia e medicina, vol. I (p. 65). Jorge Guerra Pires. Edição do Kindle.

Qual o futuro do trabalho?

Acredito que ninguém sabe com certeza qual o futuro do trabalho: temos especulações, como as profissões do futuro[114]. Mas sabemos que a IA vai criar um problemão para muitos, assumindo que a ignoremos na hora de investir nas nossas habilidades, de ficar estagnados em empregos repetitivos. Tudo que é repetitivo, desprovidos de traços humanos, como criatividade, será automatizado em algum ponto. A pergunta é quando, quando os custos de automação vão ser menores do que o custo de contratar humanos, quando a legislação que impede vai ser derrubada. Alguns empregos são mantidos por questões sociais, como trocador de ônibus, ainda presente em cidade brasileiras, mas extinto na Europa. Roleta é coisa de brasileiro, até onde sei. Eu odeio roletas!

Na região onde moro, é comum "o sinaleiro". Curioso que sou eu, perguntei a um amigo que trabalha nessas empresas o que faz um sinaleiro. Simplesmente sinaliza aos carros e caminhões. Qualquer sistema de processamento de vídeos/imagens, mesmo simples, consegue substituir esse profissional, que tirando as piadas boas que deve fazer, o robô faz melhor e mais barato. A empresa que contrata esse pessoal tem um instituto que pesquisa aprendizado profundo, e

---

[114] Matéria de Capa | Empregos no Futuro.
https://www.youtube.com/watch?v=yUC1OX5CkTE&t=424s

estava pesquisando formas de automatizar algumas operadoras. Conclusão: a empresa está usando essas pessoas, como quebra-galho. A questão é quando essa profissão vai desaparecer, muitas dessas pessoas possuem baixa qualificação, nem ensino médio completo.

Assim que for mais caro usar humanos, acredito que muitos serão demitidos. No caso do sinaleiro, acho que já podem demitir, mas talvez ainda seja barato contratar humanos. O mais triste: não estão procurando se aperfeiçoar, estão dormindo em cima de um campo minado, onde o gatilho reside um na IA e outro no governo; qualquer lei mal feita, com intuito eleitoreiro, pode criar uma demissão em massa, e sabemos da burrice do nosso governo quando pressionado pelo povão. Antes que acuse o Brasil, similar casos ocorrem nos Estados Unidos.

Em documentário[115], mostrou-se que a profissão de caminhoneiro está cada vez mais desvalorizada, devido ao risco de automação.

Na Inglaterra, uma vez saiu no Jornal da Cultura: eles estão oferecendo vistos especiais para caminhoneiros, não acham mais pessoas dentro em número que respeite a demanda interna depois do BREXIT no país que queiram gastar tempo na profissão; os ingleses estão investindo na preparação dos seus cidadãos para a indústria 4.0. Qualquer pessoa que pensa dois passos à frente sabe que é uma profissão morta, morta pela automação por vir.

---

[115]In the Age of AI (full documentary) | FRONTLINE.
https://youtu.be/5dZ_lvDgevk?t=2015

Como exemplo, quem diria que o YouTube seria um espaço profissional, onde profissionais que começaram suas vidas nas mídias tradicionais estariam fazendo lives?

Figura 9. Trabalhos que podem ser automatizados nos próximos anos. Baseado em research.com.

Anteriormente, mostramos um caso da medicina, onde mesmo um algoritmo sem inteligência conseguia segmentar um tumor usando um encefalograma. Isso geralmente é trabalho de médico.

E a medicina?

> *"Se tudo ocorrer como o planejado, estamos caminhando para um futuro de automação na medicina. Um dos conceitos mais interessantes, seguindo as tendências de mercado, para o bem ou para o mal, seriam tratamentos cada vez mais personalizados para o indivíduo. "Pires (2021)[116]*

[116] Pires, Jorge Guerra. Uma introdução aos métodos matemáticos nas ciências da vida: aprendendo sobre modelos computacionais e matemáticos aplicados à biologia e medicina, vol. I (p. 101). Jorge Guerra Pires. Edição do Kindle.

"Médicos possuem uma probabilidade de 18% de serem substituídos por automação; para efeito de comparação, carpinteiros de 50%. Esse espaço para automação é onde entra modelos matemáticos e computacional, apesar de que não é a única aplicação." Pires (2021)[117]

Talvez um ponto interessante de levantar aqui: por que carpinteiro é somente 50%, apesar de ser mal pago comparado com médicos?

Quando vi esses números ao escrever esse livro, fiquei surpreso, devo ser honesto. Refiro-me não ao número em si, mas à relação entre carpinteiro e médico.

Tirando distorções do nosso sistema dito meritocrático, chamados por alguns de armadilha da meritocracia, o *paradoxo de Moravec* traz para atenção que atividades motoras, que seriam do carpinteiro, seria complicado de replicar, mesmo de uma criança: cálculos são mais fáceis de replicar em computador, comparado com atividades simples como mover um braço e pegar algo.

---

[117] Pires, Jorge Guerra. Uma introdução aos métodos matemáticos nas ciências da vida: aprendendo sobre modelos computacionais e matemáticos aplicados à biologia e medicina, vol. I (p. 225). Jorge Guerra Pires. Edição do Kindle.

Por isso, acho estranho esse número. Eu diria, baseado em reflexões, que médicos deveriam ser mais fáceis de serem automatizado; aqui não estou falando de cirurgiões e profissionais médicos que usam atividades motoras de forma predominante, que seriam realmente carpinteiros do corpo humano. A parte de diagnóstico, ao meu ver, é facilmente automatizada, respeitando o progresso por vir. Não vejo por que médicos, vistos como profissionais de diagnósticos, não poderiam ser automatizados. Já existem apps que fazem diagnósticos[118]. Lembra da segmentação de tumor cerebral? Isso geralmente é feito por médicos. *Dr House*, por mais legal que seja, seria um computador, não um humano.

---

[118] Pires JG. Alguns insights em Startups um novo paradigma para a tríplice aliança ciência, tecnologia e inovação: a novel paradigm for understanding the triple alliance of Science, Technology and Innovation. Rev. G&S [Internet]. 1º de fevereiro de 2020 [citado 16º de outubro de 2022];11(1):38-54. Disponível em: https://periodicos.unb.br/index.php/rgs/article/view/28626

REFLEXÕES SOBRE ASPECTOS INTERESSANTES DO CÉREBRO HUMANO

Este capítulo é interessante para o autor devido ao fato de ser algo simples, algo fruto de observações do funcionamento do cérebro no dia a dia. Devemos recordar que muito modelos complexos, como *redes de Hopfield*, nascem de observação triviais; conta-se que a teoria do caos nasceu da observação de Poincaré em como uma mulher tricotava. Sendo assim, esse tipo de escrita, mais filosófica e reflexiva pode ter valor se propriamente munida com modelos e simulações.

Introdução

Dominamos nossa espécie *Homo Sapiens*[119] – homem sábio – devido à nossa capacidade mental bastante importante para nós; como a capacidade de planejar o futuro, de não correr na contramão de rodovias devido a consciência de que um carro

---

[119] Sugiro a leitura: Yuval Noah Harari. Sapiens - Uma Breve História da Humanidade

poderá vir na direção oposto e nos matar[120]. Tudo isso nasce do aprendizado; o nosso cérebro é "programado por exemplos", dia a dia baseado em experiências passadas de "mortes e feridos"[121]. Durante o percurso da ciência, começamos a indagar sobre a faculdade aparentemente exclusiva a humanos, "pensar", como um punhado de matéria percebe, compreende e manipula um mundo muito mais complexo e maior do que esse.

Hoje sabemos que algumas soluções incluem atalhos, como vieses cognitivos e reconhecimento de padrão; eu tenho usado essas falhas cognitivas para defender algoritmos no lugar de humanos. Esses atalhos nos permitem sermos rápidos. Recentemente, Daniel Kahneman documentou outra observação interessante: temos pensamentos rápidos e devagar. O rápido sabe tudo, e tem opiniões sobre tudo, mas sem "pensar"; o

---

[120] Curiosamente, isso que nos protege se chama ansiedade, a mesma que nos leva a loucura no dia a dia. A mesma que se tornou o mal do século, segundo Augusto Cury.

[121] Uma questão interessante seria o quão é pré-programado e aprendido. A parte mais flexível do cérebro é a parte cinzenta, a parte superficial. As partes mais fundas são mais "primitivas". Como exemplo, a amígdala (cerebelosa), que seria um cérebro bem primitivo, fica bem no meio do cérebro. Alguns argumentam que isso seria uma marca da evolução: desde um cérebro mais primitivo a um cérebro mais adaptativo.

lento pensar, mas leva tempo. Isso se chama sistema 1 e 2, respectivamente, duas formas de pensar, como disse Kahneman. Outro ponto interessante pelo mesmo prêmio Nobel seria que somos ruidosos e viesados no processo de pensar. Isso nos coloca em bocas de sinuca quando precisamos lidar com situações demandantes.

Inteligência artificial surgiu dessa caixa preta de conhecimentos que "não conhecemos". Todos os avanços são aplicados no que chamamos de agentes inteligentes; celulares, computadores, prédios, portões...todos esses estão cada vez mais próximos do que um dia idealizamos.

Viver é decidir; sempre devemos fazer escolhas, desde levantar de manhã até votar, escolhas erradas acarretam erros futuros para nós. Muitas decisões podem envolver decisões em vários níveis de incertezas, como decidir sobre o que decidir; Kahneman e colegas chama isso de *ignorância objetiva*, a observação de que nosso conhecimento do mundo é limitado. Pior em certos casos, o número de fatores para se decidir pode ser relativamente grande; no caso do xadrez, isso não enorme, mas não-infinito. Em caso pequenos, somos bastante eficientes. Como exemplo de um caso real, podemos citar decidir qual caminho pegar quando a estrada que seguia está parada para reparos, decidimos aquela que é mais próximo do que chamamos de custo-benefício; leva pouco tempo, poucos buracos, baixo risco.... provavelmente, poucos notaram, não colhemos nem uma informação, a não ser, conhecimento passado. Hoje sabemos que escolhas demais gera a *fadiga de decisão*: quanto mais escolha, menos escolhemos.

Em economia, temos casos de variáveis em tamanho em número intratável por humanos. Considere o caso de um estudante tentando comprar um computador novo. Esse possui o dinheiro, mas a esse foi oferecido várias formas de pagamento sem nem um adicional. Esse pode pagar sem problemas de forma única ou em parcelas. Caso esse mantenha o dinheiro, esse pode usá-lo de outros modos ou mesmo salvá-lo. Caso esse não pague a vista, esse terá de preocupar em lembrar todos os meses em pagar essas prestações[122]. Esse tipo de análise pode ser desenvolvido até se ter todo os benefícios e

[122] Quando o livro foi publicado, não havia Nubank! Vou manter o raciocínio.

pontos negativos de cada escolha. Para problemas de pequena dimensão e poucos, fazemos essas decisões de forma simples e rápida, mas isso fica intratável para problemas de dimensões alarmantes. Somo bons em reconhecer, decidir, focar atenção em detalhes, mas falhamos de forma vergonhosa em problemas de porte grande. Computadores resolvem seus problemas via algoritmos e inteligência artificial tenta criar algoritmos de forma similar ao nosso modo de resolver problemas, mas com os benefícios dos computadores: processamento rápido e em massa.

Os computadores contam com a implementação de algoritmos que tornam a vida mais fácil. As enormes tabelas de raízes quadradas usadas por engenheiros e por estudantes antes da década de 1970 foram substituídas por um programa de cinco linhas que corresponde ao método de Newton e é executado em calculadoras eletrônicas. Mesmo com problemas de trabalhar com grande quantidade de dados (*Big Data*), temos uma habilidade incrível de decidir de forma bem próxima da ótima com dados aproximados. Considere um taxista da Cidade de Ouro Preto. As

e

pessoas vão parando o táxi-lotação. Quando está cheio, o motorista indaga sobre o destino de cada um. Em pouco tempo, mesmo sem saber a distância exata, ele calcula uma rota ótima. Esse é um típico problema combinatório que mesmo sendo pequeno pode humilhar computadores de grande configuração. Um outro exemplo de cálculo aproximado é o caso de uma pessoa tomado banho e a chave desarma. Esse sabe que existem duas chaves, uma geral e uma situada no chuveiro, ou melhor, próximas. Assim que esse desarma, a pessoa consegui distinguir qual desligou; um sistema de radar similar ao morcego. Eu chamo isso de *cálculo subjetivo*, espero não pisar no pé de ninguém ao usar esse nome! Esse cálculo é feito sem números, somente com informações subjetivas e experiências.

Alguns pontos interessantes sobre memória

Durante o tempo que fiz meus estudos relacionados à matemática aplicada, eu fui exposto a uma quantidade significativa de informação. Cada estudante do programa era de países diferentes e isso me fez querer aprender mais e mais. De forma adicional, esses eram de base profissionais diversa da minha: matemática e física, eu era engenheiro mais voltado para administração de empresas; minha matemática era "caseira", aprendida de forma autodidata. Mais ainda, as aulas não eram na minha língua mãe, português, pior, nem mesmo na língua do país; mas as pessoas do dia a dia conversam na língua do país. Isso gerou um aprendizado contínuo; mesmo nos sonhos, como reportou meu colega de quarto sobre minhas falas enquanto dormia. Posto assim, aproveitei para fazer anotações sobre o cérebro em ambiente de estresse-aprendizado constante. Sendo esse feito de neurônios que movem para formarem redes, as redes neurais, algo deveria aparecer para confirmar as teorias ou negar. Penso que mais confirmou e adicionou do que negou. Uma das observações interessantes tange a capacidade seletiva do cérebro, ou seja, esse armazena de forma automática o que importa; o segundo ponto, o que eu já previa, quantidade de informação não priva o cérebro de aprender, algo digo no modo comum de pensar. Muitos usam uma esponja cheia de água para representar o cérebro humano; redes neurais podem ser semelhantes, mas diverge em um ponto importante, *propriedades emergentes*. Um segundo ponto que faz sentido de acordo com as teorias modernas em neurociência está relacionado à capacidade de dizer "errado ou certo" mesmo sem saber por que. Isso está em capacidades nossa de dizer: "não, isso soa estranha, isso não pode está certo". Ou mesmo nossa capacidade de dizer sobre a qualidade de uma música ou pintura sem ao menos ter assistido aulas. Essa capacidade se estende quando se começa a falar outras línguas. Mesmo ser "bons" em gramática, podemos aprender o essencial e a capacidade de julgar o que é estranho ou certo. Isso pode ser explicado em parte se aceitarmos que é mais "barato" para sistemas biológicos armazenar sistemas complexos em dimensões menores, como "sim e não"; duplo-estado. Isso estaria em linhas com pensamentos de Daniel Kahneman e colegas. Também, sabemos agora que o cérebro guarda informação em *spikes* (espinhos)[123].

Memória associativa

[123] Spiking Neural Networks for encoding music. https://www.youtube.com/watch?v=iKYQHwSknO8

O mais interessante sobre as habilidades de processamento das nossas redes neurais está na forma como nós processamos informações. Pensamos de forma a usar experiências passadas para alcançar o que chamamos de "decisão"; usamos erros e lições do passado para decidir como seguir em frente. Ao mesmo tempo, isso nos coloca também em situações de desvantagem, apesar de nos propiciar um sistema rápido e eficiente de 'codificar' e 'recuperar' informações.

Uma desvantagem é a *memória emocional*: lembramos de situações emocionais do passado, isso pode nos travar o influenciar negativamente nossas decisões. O pior, nem sempre estamos cientes dessas memórias emotivas.

Considere a figura que se segue. Esta representa uma função que modela "a energia" que guia nossa forma de pensar. Por exemplo, o por quê do fato de que sempre que vemos um borrão com quatro patas, um cabeça com orelhas e focinho lembramos de um cachorro? Segundo algumas pesquisas, figuras recordadas em borrões são funções do que temos na mente, como ilusões. O medo impediu que cruzassem os mares por milênios; medo cria imagens que não existem, mas podem parar até mesmo o mais hábil dos guerreiros; veja que medo tem sido alvo de pesquisas recentes em neurociência, principalmente, fatores emotivos na tomada de decisão, algo negligenciado por tempos. No entanto, o que pode ser observado no dia a dia, o esquema apresentado diz que o cérebro tem limitações. Caso alguém faça "buracos" em uma superfície, para colocar ovos, por exemplo, há um limite em função da áreas da superfície. Ou seja, depois de um certo ponto, esferas começaram a cair em buracos errados devido à proximidade e mesmo quando algum novo for criado, antigos poderá ser danificado, mesmo destruídos. Esses destruídos são memórias antigas, como um telefone ou mesmo uma canção preferida. É como nos confundimos no dia a dia; por exemplos, rostos, ou mesmo "lembrar-se de algo que não se lembra mais". Para piorar, aprendemos que nossa memória pode ser maleada devido a traumas ou mesmo manipulações externas. Já é conhecido de que se alguém te contar uma história repetidamente, chances são de que vai pensar que esteve lá; ou se alguém insistir que lembre algo, pode até lembrar!

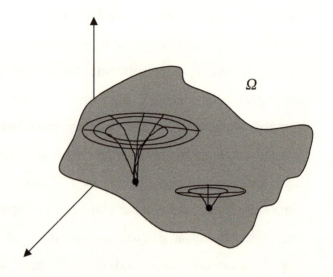

Figure 1 – superfície de energia potencial e "buracos negros" no nosso cérebro para armazenar informação.

(Cada ponto representa uma memória. Cada buraco negro, chamado de bacia de atração, representa a vizinha em volta de uma memória. Quanto mais fundo, mais importante e forte é a memória; fácil de ser lembrando. Quanto mais "declinado", mais rápido se lembra)

O problema de lembrar

É interessante notar que pessoas com nível baixo de educação tem problemas para lembrar nomes diferentes; ou seja, essas possuem pouca plasticidade neural. Baseado em observações feita pelo autor durante convivência com pessoas que não leem, possuem o hábito de "aprender", encontram barreiras para aprender novas línguas.

Segundo pesquisas que o autor não possui fontes precisas, aprender línguas aumenta o Coeficiente Intelectual. Voltando ao esquema na figura 1, isso significa que pessoas com baixo hábito da leitura possuem baixa plasticidade de moldar essa superfície e ao mesmo tempo poucas bacias de atração[124]; muita da habilidade de lembra é feito ao associar novas informações com informação já armazenadas. Ao mesmo tempo, pessoas expostas a constante mudanças de conhecimento tende a cometer erros; isso se deve ao fato de que quanto mais se criar bacias de atração, maior será a possibilidade de bacias próximas serem "competitivas" para serem pontos de parada para uma esfera colocada nessa.

Um jogo comum em cursos está em tentar memorizar figuras de forma normal; depois associe a cada figura um momento da sua vida, no segundo caso, mais figuras são lembradas. O autor tem experiência própria em guarda informação por mais

---

[124] O que é a leitura profunda e por que ela faz bem para o cérebro. https://www.youtube.com/watch?v=OIRdWcfcZE4&t=27s

de 10 anos por usado esse tipo de truque na adolescência; veja que políticos usam isso em campanhas ao darem "números fáceis".

Cálculo subjetivo

Algo muito curioso se chama *cálculo subjetivo*. Muitas das tarefas que fazemos no dia a dia são executadas por computadores de forma numérica. Por exemplo, podemos prever a trajetória de uma bola ao chutarmos sem saber valores numéricos da velocidade do vento, peso da bola, distância, velocidade de reação do goleiro e muito mais. Podemos calcular a melhor o melhor itinerário de uma viagem de forma gastar a menor distância. Isso se chama calculo subjetivo por envolver informações do tipo "eu acho que a distância é...", o mesmo quando pesamos algo de forma somente pegando no objeto; podemos errar de forma numérica, mas chegamos perto por associação. Na verdade, mesmo os instrumentos o fazem, mas de forma padrão. Vale notar que estudos meus mais recentes, valendo-se de Daniel Kahneman e colegas, isso se chama *ancoragem*. É uma forma como o cérebro estima grandezas numéricas, sem medir. No caso da bola, penso que formamos um aprendizado que se estende aos músculos: lembremos de alguma forma a força que precisamos aplicar na bola para chegar a um algo visual, de treinamentos passados.

Fechamento

Discutimos na teoria de energia potencial aplicado para modelar o processo de lembrar que ocorre no cérebro humano. Este capítulo representa algo especial para o autor comparado como os anterior uma vez que representa um trabalho muito mais próprio do que antes apresentado; esse se baseia mais em conclusões próprias do que os capítulos anteriores. Chegamos à conclusão de que quanto mais se aprende, mas irregular fica a superfície enérgica do cérebro humano. Veja que isso é apenas uma abstração como vetores em mecânica; caso tire uma foto de uma pedra caindo, não temos como dizer se a pedra estava caindo ou subindo, caso em um livro de física, teríamos vetores, algo totalmente fruto do intelecto humano. Veja que o autor não associa isso aos sucos na massa cinzenta do nosso cérebro, algo mais associado as terminação e forma de árvores dos neurônios do que outro. Ou seja, isso não é algo físico, algo que se consegue ver em um encefalograma, seria uma modelagem dos neurônios usando sistemas dinâmicos, teoria de energia potencial.

NOTA FINAL DO AUTOR

Meu primeiro contato com inteligência artificial veio em um texto daqueles que a professorinha passa para copiar; esse falava sobre o modo associativo de "pensar" exibido por humanos contra o modo de computadores; tecnicamente, isso se chama associativo contra determinístico. Nessa fase da minha vida eu ainda tinha a visão que, pelo menos na minha época predominava como dito popular, computador é mais inteligente do que humanos[125]. Espero que com este livro o leitor, caso nunca tenha parado para indagar esse tipo de dito

---

[125] Essa frase é complexa, primeiramente, ninguém reflete sobre o conceito de inteligência e permanecem usando modos de definir inteligência totalmente contra as lições da história e neurociência. Segundo, inteligência da forma usada no cotidiano é algo totalmente humano, tendo nenhum modo de ser comparado com computadores ou mesmo outras espécies; com essa, muitos se orgulham da nossa superioridade.

popular, como por exemplo, "essa blusa esquenta mais do que a outra", ou "vou esquentar sol". Estamos cheios desses modos de falar. Muitos feitos de poucas verdades. Devemos observar que o berço de um dos maiores teóricos foi em tido populares, Sir Isaac Newton; segundo conta-se, esse pertenceu a um grupo que fazia experimentos com ditos populares. Em um desses, dizia-se que uma aranha nunca cruzaria um círculo feito por chifre de unicórnio, feito e a aranha atravessou esse naturalmente. O segundo contato veio na faculdade, de forma curta, mas definitiva. Desde então tenho me dedicado a estudos próprios; feito de forma independente de universidade e professores. Meu primeiro curso formal, cujo resultado foi um desastre em nota, veio no mestrado, o qual desisti por motivos de aptidão, principalmente. No segundo mestrado, mesmo não tendo nada relacionado com inteligência, continuei minha busca; sendo esse em matemática aplicada, estava no berço da inteligência, algo que muitos atualmente esqueceram cegos pelas belezas da nossa sociedade tecnológica. Depois de terminar as matérias e tendo acesso a uma biblioteca incrível na Polônia, com sistema de segurança e tudo, dediquei-me a novos modelos, os quais fizeram parte das referências da minha tese de mestrado e artigos. De forma alternativa, tive acesso ao sistema de biblioteca integrada da Itália, isso foi muito importante, pude pedi livros de várias universidades italianas; atendimento até mesmo por telefone para avisar sobre livros em atraso.

Espero com esse livro, simples, mas feito de forma sincera, dá ao leitor, se for alguém "novo", a oportunidade de mergulhar em um novo, mas definitivo campo nas ciências aplicadas e teóricas. Infelizmente, vivemos "em um momento de embriagueis", pouco se pensa no futuro em termo de tecnologia, de usar jovens talentos; somos "culpados por associação". Qualquer programa clamando isso se torna uma comédia no fim. Estamos tão apaixonados pelo futuro, e tão viciados no passado, que somente falamos, pensamos por 1 segundo e erramos por uma década. Sistemas incompletos, escolas sem professores de base de qualidade, sistemas sem tratamento para alunos que mostram habilidades especiais, como matemática e física. O maior choque do autor ao estudar fora é

r

ver que eles valorizam matemáticos e físicos como ouro; nós os tratamos como "gordos e preguiçosos", "profissionais" que não merecem respeito; como já fui taxada por um colega de república, ser colocado em um quarto isolado e mandar a comida por uma fresta na porta; loucos, tão loucos quanto o imperador Nero, ameaças ao império, do nosso mundo certo e perfeito. Isso é deprimente tendo em mente que todo o progresso é função dessas áreas, tão complexas, mas tão mal vistas por nós, brasileiros. Observe que grande investimento atualmente em física tem sido para comprovar ou negar totalmente muito dos pensados de Einstein.

Uma pergunta que merece lugar é da necessidade de modelos inteligentes. Essa é uma pergunta complicada tendo em mente que modelos inteligentes são lucrativos; isso tende a distorcer respostas. Algo documentado na literatura é o fato de que inteligência artificial perdeu seu objetivo inicial e deixou muito a desejar, alguns estão tentando voltar essa às origens e razões. Como exemplo de comparação, podemos usar os *transgênicos*, assunto polêmicos anos atrás e que o autor teve contato via trabalhos escolares várias vezes; não por obrigação, mas por paixão pela genética. Esses sugiram com a justificativa de que esses aumentariam a quantidade de alimentos; devido ao crescimento populacional. Eu considero essa justificativa fraca. A demanda por alimento é algo problemático devido à má distribuição e crescimento populacional, algo que os transgênicos poderiam evitar por tempos, mas logo esse voltaria; "empurrar problemas com a barriga". O que poucos mencionavam eram os impactos dos transgênicos. Sendo espécies geradas em laboratórios, pouco se sabia dos efeitos. Um dos medos seria a perda da diversidade devido ao fato de que esses são de forma hereditária mais fortes do que espécies naturais; tomaríamos o lugar de "Deus". Um segundo ponto é a falta de dados do verdadeiro impacto desses no corpo humano e similares. O autor não ver nem um problema em inteligência artificial. Um potencial problema poderia ser ético; o sentido de "ser humano". Umas das únicas capacidades não copiadas de forma similar é a inteligência. No momento, estamos longe disso, se um dia a "revolução das máquinas" irá ocorrer, isso deverá ser quando esses organismo portará a capacidade de gerar diversidade, como fazermos com o código genético, algo que defende a espécie de forma inteligente; os famosos "genes egoístas". Talvez, não haverá mais diferença entre humano e não humano; seriamos criaturas de Deus e criatura das criaturas de Deus; seria uma nova forma de preconceito?

Em

breve....

Biologia Sistêmica em termos simples.

No anos 1900s se pode dizer que foi o último
suspiro da física como até então era feita: um
campo onipresente e "poderoso", é tanto que a física
influenciou campos como a medicina e psicologia,
com seus métodos precisos e experimentais, em
busca da verdade. Com a morte de Einstein, e
muitos outros contemporâneos, como Bohr e
Schrödinger, mesmo com a persistência de
cientistas modernos, como Stephen Hawking, a
física não conseguiu recuperar seu posicionamento,
como um pop star buscando reviver os velhos
tempos, a física tem vivido. O motivo principal está
no fato de que no mesmo tempo outro campo
emergia, a biologia, como vemos hoje. Entre todos
os campos, como a química, matemática, e
geografia, a biologia a filha mais nova, a caçulinha
dos filhos do milagre Grego, da idade da razão, o
sopro de um tempo de pensamento, depois de um
período de opressão, cabeças cortadas por nada.
Não muito longe, nasce a biologia matemática, um
campo similar à física matemática, campos que

buscam precisão na explicação de fenômenos, grandes teorias, unificação. Neste livro se discuti uma dessas raízes, a biologia sistêmica, que basicamente tenta integrar peças de quebra-cabeças como o genoma.

Biomatemática em termos simples.

uma definição para a biomatemática é difícil mesmo para quem a pratica no dia a dia. Sabe-se o que é, o que faz, mas uma definição precisa foge ao nosso entendimento. Neste livro procuramos trazer para o domínio público problemas estudos pela biomatemática, na busca de esclarecer a área para interessados, com um enfoque em estudantes de ensino básico e médio. Tudo é posto de forma trivial, jargões científicos são evitados, mas quando usados, explicados em detalhes.

Redes Neurais em termos simples: *um papo sério com o professor*. A ideia desse exemplar é ir um passo à frente, mas ainda com o pé no chão. Alguns alunos, e eu pertenci a esse grupo, sempre procuram o professor para discussões extras. A ideia é andar um passo à frente, como mostrar alguns exemplos de como a matemática é usada para treinar por redes neurais, mesmo apresentando alguns códigos de computador, nesse caso mesmo servindo como uma introdução à programação de computadores para jovem cientistas.

www.ingramcontent.com/pod-product-compliance
Lightning Source LLC
LaVergne TN
LVHW041212050326
832903LV00021B/585